U0152231

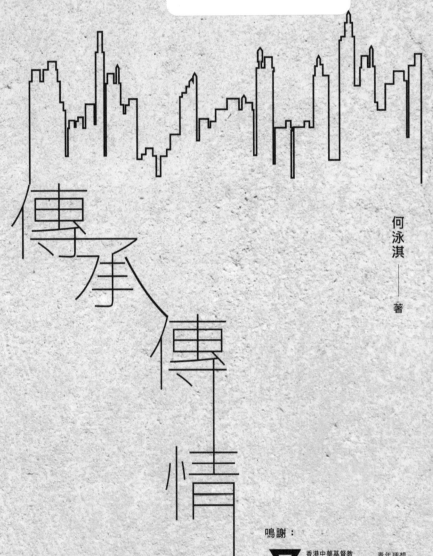

傳承傳情

何泳淇 ——

著

鳴謝：

香港中華基督教
青年會

青年理想
實踐基金

書　　　　名	ǀ	傳承・傳情
作　　　　者	ǀ	何泳淇
出　　　　版	ǀ	超媒體出版有限公司
地　　　　址	ǀ	荃灣柴灣角街 34-36 號萬達來工業中心 21 樓 2 室
出版計劃查詢	ǀ	(852) 3596 4296
電　　　　郵	ǀ	info@easy-publish.org
網　　　　址	ǀ	http://www.easy-publish.org
香 港 總 經 銷	ǀ	聯合新零售 (香港) 有限公司
圖 書 分 類	ǀ	流行讀物
國 際 書 號	ǀ	978-988-8778-22-5
定　　　　價	ǀ	HK$88

序

世界上有數樣值得流傳的事：傳統及情。以文字喚起人對這兩樣的記憶，這城市或許會更有人情味。

《傳承・傳情》是一本結合故事及事實的文集。

作者何泳淇以傳統或古蹟撐起虛構的情節，為筆下角色的不平凡生活增添一點韻味。此書不再以枯燥乏味的方式介紹香港的種種傳統，而大家將會記住的是一個又一個動人的故事和讓人難忘的人物。故事的靈感源自真人真事：如無助的患病老伯伯（《解憂理髮店》）或流浪漢（《遺忘與被遺忘》）的經歷。在這個大家為口奔馳的城市裡，我們有時候會犧牲了親情、友情和愛情，作者希望大家能珍惜當下、珍惜自己所愛的人。

作者在撰寫大學論文的過程中對香港古蹟產生濃厚興趣。從那一刻起，她常常走訪這些古蹟，瞭解它們背後的故事，感受那個年代獨有的氣息。對她而言，這些建築和事物不只是用來留住歷史的載體，更是見證歷史的證人。

目錄

一、婚姻的五味雜陳　　　　　　　　　　3

二、在交叉的路軌上遇上你　　　　　　　9

三、隔着郵筒說悄悄話　　　　　　　　14

四、向黃大仙問卜　　　　　　　　　　20

五、父親與燈塔　　　　　　　　　　　27

六、家事判官　　　　　　　　　　　　34

七、永恆的記憶　　　　　　　　　　　42

八、夢想的起點　　　　　　　　　　　47

九、真命天子扭蛋機　　　　　　　　　53

十、遺忘與被遺忘　　　　　　　　　　59

十一、解憂理髮店　　　　　　　　　　65

十二、無價瑰寶　　　　　　　　　　　71

十三、齊來種棵愛情樹　　　　　　　　80

十四、煤氣燈的前世今生　　　　　　　86

一、婚姻的五味雜陳

頭上古銅色的曼陀羅轉呀轉，構成一道讓人頭暈目眩的魅影。桌上矗立一個大鐵壺和幾塊藍白盤纏的碗。

圖一：春回堂涼茶舖的內部陳設

母親不嗜酒，她認為酒會蒙蔽人的意志。因此，她常常以涼茶代酒，跟我們摸杯底談遍天南地北。她說：「涼茶清熱益氣，甘甜天然，比那些人工飲料舒心。」

是藥三分毒，傷風感冒的時候，我們一般不會吃藥。不一會兒，廚房飄來一股燻焦的味兒，雖然刺鼻卻很治癒。那股味道我們很熟悉，我們憑着鼻子就可以知道那是甚麼藥湯。

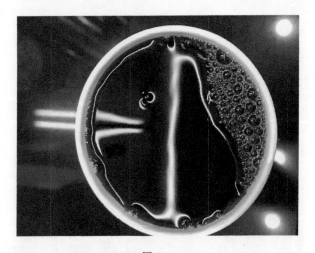

圖二：
涼茶藥湯。一般而言，涼茶舖老闆會用瓷碗盛着涼茶供客人飲用；惟疫情期間，許多涼茶舖因衛生問題摒除了用瓷碗盛載涼茶的習慣。

在結婚的前一天晚上，我為自己第二天的婚禮忙得不可開交：既要張羅酒席安排，又要打點禮服和妝容。母親一吃過晚飯便竄進廚房不知道在瞎忙些甚麼，不一會兒，她便端出三碗涼茶：深褐色的那一碗是夏枯草；金金黃黃的一碗是野菊花茶；紫紅色的一碗是酸梅湯。我用力吸了一吸，滿腦子疑問。

看到這般仗勢，我知道這天晚上母親準備好促膝長談。

母親說：「阿女，你明天將要成為別人的妻子了，媽媽捨不得你。你一有空要回來媽媽這邊喝湯吃飯。」聽了這一句，我的眼眶微微變得緋紅，我吸了一吸鼻子。她指着第一碗涼茶說道：「這碗是夏枯草。夏枯草窮盡一生的努力，只為在夏天曇花一現。在萬物滋長之際，它選擇了枯萎和埋葬。它沉澱着，奉獻自己，以另一個方式福澤人群。婚姻如是：你跟你未婚夫從認識、相愛和最後修成正果；這不正正就是夏枯草的一生嗎？」聽到夏枯草的結局，我一臉不解，心想：媽媽該不會是在詛咒我吧。母親接着解釋：「常言道：『婚姻是愛情的墳墓』。這句話真假摻半。婚姻確實埋葬了激情，但是，兩人之間的愛並沒有消失。愛情到了盡頭兩人便自然會結婚。兩人愛得轟轟烈烈只為了攜手建造一個家。但是，誓言一過，生活瑣事、柴米油鹽便會壓垮大家當初的悸動。可是，愛情又會以另一種形式重生。乖女，你知道那是甚麼嗎？」「是親情嗎？」「是。活了幾十歲人，結婚數載，我跟你父親年少時的浪漫已經無影無蹤。可是，我們的關係已經以家人這方式延續。另外，你要記住一點：自成為別人的妻子那天起，你就要警惕自己日後有機會離婚。要知道，世間所有事物都有期限，婚姻如是。若它不是以死亡結束，就是以離婚這個方式完結。這樣，若能化無限為有限，你們才能珍惜彼此。」

「那這一碗黃黃的又是甚麼？」「你湊近聞聞看。」撲鼻的幽香和清甜拂面而來，我認得，那是

我最愛的菊花茶。菊花茶嘛，清熱解毒，有甚麼稀奇。母親彷彿窺探我的心聲，勺了一下湯面，湯面頓時起了漣漪。她笑了一笑：「野菊花席席無名，一點也不起眼，它在田野間默默綻放。但是，你又知道菊花的花語是甚麼嗎？」「是懷念嗎？」「啋過你！盡講一些不吉利的傻話。」「傻女，其實是沉默而專一的愛。婚姻裏，你的行事作風要好像野菊般低調，有時候要懂得沉默忍耐，有時候也要學會默默付出。在這個家，你是一位小公主；但是，當你嫁了過去，你就成為那個家庭的一員。另外，黃黃的花瓣象徵快樂、喜悅和友誼。那就是說，你和丈夫將來要好像朋友般相處，不可太遠，又不可太近；你們既要親密無間，又要為彼此保留個人空間。」

未等我開腔，媽媽接着說：「最後這一碗是酸梅湯。你有沒有聽過『處暑酸梅湯，火氣全退光』？」「沒有呀。你是否想暗示沒有脾氣？」「不錯！酸梅湯開胃消暑，生津止渴；而且，它可以以不同方式入饌，比較符合年輕人的口味。最正宗的煮法是烏梅和山楂連水煮滾再加冰糖調味；隨後，你可以加桂花，或梳打水，或製成沙冰。若要維繫夫妻關係，你要懂得經營。你千萬不能偷懶，以為結了婚就可以甚麼也不用管。其實，你們婚後要共同面對很多誘惑、生活壓力、漸漸乏味的生活和養育下一代的問題。這些種種會消弭兩人的感情。你要學懂把埋怨都吞進肚子裡，學會包容和理解。你要好像烹調酸梅湯般嘗試調不同味道，製造生活上的趣味。這樣，兩公婆才能每天都像新婚一樣甜蜜。」

我若有所思。媽媽又說:「歸根究底,你們要成為對方的解藥。有時候,當你們上火,你們要記得喝一口涼茶,清熱解毒。」我大吃一驚:「吓,那是甚麼意思?難道我們要常常在家裡煲涼茶嗎?」

母親搖搖頭笑道:「傻女,媽媽可以煲涼茶給你飲。但是,重點是,你們要維繫婚姻,就是在性格上互補不足,還有要懂得欣賞對方。你呢,喜歡高談闊論;你的未婚夫低調細心。這樣,你們才能相看兩不厭。」

母親突然抓着我的手不肯放,仿佛看着的是一雙軟糯糯握着拳頭的小手。她微微慨嘆:「對哦,是該放手了。」她忐忑的心終於在三十年後第一次回到自己原來的位置。母親眯起一雙老花眼,看着某方,仿佛在時間的流域中看着幻燈片的回放,又仿佛在期待着一個嶄新人生的蒞臨。

涼茶

「涼茶」,顧名思義就是以藥性寒涼的草藥熬成藥湯。中國南方處於亞熱帶地區,夏季炎熱潮濕,當地人容易上火並染上皮膚病和腸胃病,涼茶有清熱解毒的功效。因此,他們愛喝涼茶。涼茶是人們複方或單味土產草藥煎熬而成。它一般分為甜和苦兩類,細分有許多種,如五花茶、銀菊茶、廿四味及葛菜水等。

原來,涼茶文化的興起與香港的歷史密不可分。在十九世紀,鑒於殖民地政府對香港華人不公平和華人當時對西方醫術存有誤解,居住在香港的華人一般會選擇中醫,尤其以涼茶養生和治療輕微的疾病。翻查資料,直到一八六四年,華人才能被允許進入醫院,而在一八七

二年，東華醫院成立，華人才開始掛號看西醫門診[1]。因此，涼茶舖應運而生。這些涼茶店都是以家族模式營運，靠着傳承創辦人獨有的涼茶配方，後人得以繼續經營這門生意。這也反映中國的傳統觀念。

當然，涼茶除了在醫學方面發揮它的功效，它在華人社會的社區中也扮演籠絡感情的角色。在上世紀六十年代，涼茶舖成為平民百姓一邊喝涼茶一邊聊天或收聽留聲機的聚腳地。為了吸引顧客，除了傳統涼茶，涼茶店也會出售龜苓膏、汽水或小食，成為人們的平價娛樂場所。而現在，涼茶更晉身成為香港的非物質文化遺產。隨着西醫的普及，涼茶舖大幅關閉。然而，走在路上，天時暑熱或感到口乾舌燥，我們也會順手買一碗涼茶紓緩喉嚨不適。縱使它美其名為「涼茶」，然而，請不要一飲而盡，因為剛剛煲好的藥湯是非常燙口的。

---

[1] 胡亮：《香港涼茶－非物質文化遺產的研究》，《香港人類學》第一卷（2007）。

二、在交叉的路軌上遇上你

我不知道

What happened?

世界突然安靜了

the air is still

你站在車窗前

you are my light.

就在軌跡相疊一刻

the tunnel whispered

也許就是第五百個回眸

no one had expected us

我說我要往大埔

I asked where do you want to go

你用眼神告訴了我

"to the opposite direction after all"

氣流凝聚、駐足、併發

my hair moved closer to my heart!

火車往反方向駛去

I saw the back of your head

我來不及跟你說再見

you may not remember me　　　我們或會再遇上

but one day we'll meet on another train.

圖三：鐵路博物館裡陳列的車廂

圖四：鐵路博物館範圍的指示牌

大埔鐵路博物館

在古今縱橫交錯的瞬間，大埔鐵路博物館仿佛見證着香港鐵路的新舊交替，讓筆者不禁想起人生：我們的人生是否也交疊着？而我們的這一生又是否和他人的前一生或下一生重疊着，循環不息呢？

舊大埔墟火車站建於一九一三年。它具中國建築特色（如建築物採用中國式的金字頂而屋脊及牆壁上裝有蝙蝠、牡丹及喜鵲的雕刻），但火車站的內部則按火車的運作需要設計。過往，九廣鐵路沿線的其他火車站均為西式設計，唯獨大埔墟火車站是按照中國傳統建築風格建成。一九八三年，新大埔墟火車站建成，代替原來的車站。舊大埔墟火車站經全面修復後，現用作香港鐵路博物館。

而舊大埔墟火車站更於一九八四年列為古蹟。

圖五：鐵路博物館周遭的路牌

在十九世紀至二十世紀初，火車以蒸汽機推進；在五十年代至七十年代期間，火車採用柴油運行；而自一九七八年起，火車則開始電氣化。到了一九七九年，地鐵開

始通車。現在的九廣鐵路列車分為頭等及普通車廂；從前的車廂則分為一等、二等及三等，而乘客更可在車廂內進食。在日佔時期，九廣鐵路成為運送戰略物資的主要樞紐，後來更被充公徵用[2]。

圖六：鐵路博物館的火車車卡展覽品

大家或許不知道，在一九一二年至一九二八年間，香港於新界北區有一條沙頭角支線（粉嶺至沙頭角路段）。該線有五個車站，分別是粉嶺、洪嶺、禾坑、石涌凹和沙頭角站。由於支線載客量未能達標，政府當局決定於一九二八年把列車停駛。

在一九四九年，香港政府開通了連接尖沙嘴與和合石的鐵路支線，以有助市民運送棺木到和合石火葬場和墳場，並接送掃墓的市民往返市區及和合石。然而，隨着靈車投入服務，九廣鐵路於一九六八年終止靈柩運送服

---

[2] 取自個人的實地考察及鐵路博物館的展版。

務。後來，九廣鐵路展開電氣化工程，不過，和合石支線的設備卻沒有歷經相應的優化工程，和合石支線最終在一九八三年清明節後遭到淘汰。

三、隔着郵筒說悄悄話

下課路上，正藍皺着一字眉，把一肚子牢騷一股腦兒宣洩在一張 A4 白紙上。他抱怨着甚麼欠缺社會流動力，壓力爆煲等等。他把 A4 紙捏作一團，然後便朝地上的汽水易拉罐踢了踢，把它掃到旁邊的水溝裡去。在那一瞬間，他的怒氣好像隨着汽水罐消失殆盡；他暗暗講了一句：「明天繼續上學上班吧。」就跟大部分香港人一樣，他的抱怨彷彿只是在行使自己的言論自由；可是，樓價照樣高企、上班的繼續 OT，抱怨似乎無補於事。他撓撓頭，隨手把紙團扔進一個桶子裏，繼續他回家的路。

圖七：殖民地時期的郵筒被塗綠色。圖為宋皇臺港鐵站外的郵筒。

翌日，他沿着回家的路一直走，走到一個綠色的桶附近，看見地上的一個紙團，它看起來像他昨天揉作一團的 A4 紙。他有點懊惱，又有點疑惑。他不是

明明就已經把紙團扔進桶子裡去的嗎，為甚麼它還會在外面？他再想想，可能是他昨天心不在焉，隨處亂丟，紙團掉到地上他也沒有留意吧。他撿起紙團，隱約看到紅色墨水的殘影。在好奇心的驅使下，正藍打開了紙團，他看到：

後生仔：
你好。我知道你看到這封信會感到唐突。在輾轉間，我感受到你的一腔熱血和滿腹抱怨。

你說「無法上車」，但是，你仍然年輕，不需急於一時，腳踏實地，盡力而為就可以了。真金是不怕洪爐火。還有，你說甚麼「成功終須靠父幹」。縱使有父蔭的孩子佔先天優勢，但是，只有「苦」幹才能讓你穩打穩扎，泰山崩於前而色不變。 你為何不能咬着牙根慢慢向上爬呢？

「贏在起跑線上」又是甚麼道理？當你們慨嘆自己懷才不遇、社會分配不均的時候，你又何嘗不是一個不懂得知足的人，請停下來看看，自己是否比上不足卻比下有餘。

我實在不太懂你們這一代的年輕人。你們是否吃飽飯撐着沒事幹，不知道自己有多幸福，只懂伸出手求人。在我們那個年代，我們凡事親力親為，從來不會向父母或政府求助。我們經歷制水、共用盥洗設備、天台小學、熱狗巴士等等的生活試煉。我們都是靠忍耐，靠堅持，靠自己挨出一片天。

年輕人，不要再自怨自艾吧！

一個六十歲的阿伯上

****

正藍讀後感到不忿，心想，一個愚昧無知的阿伯憑甚麼胡說八道。他根本不知道這個世代的景況。他踢了踢旁邊的桶。定睛一看，他才發現那是一個綠色的郵筒。那個郵筒的正下方有一枚皇冠，下面刻着 ER 兩個英文字母。咦？那個郵筒的開口為甚麼封了。他記得郵筒昨天是打開着的。難道是他昨天看錯了？

不管了，他先寫了回信再說吧。

****

六十歲的阿伯你好：

首先，感謝您的來信。看了您的回信，我有幾個重點不敢苟同。

您說，我們要靠忍耐和堅持才能成功。可是，您又是否知道我們這個社會缺乏流動性。我們的學業成績可能名列前茅；我們循規蹈矩，但是最後可能一直寂寂無名。可是，看看旁邊的那一位，他可能庸庸碌碌，靠拍馬屁和攀關係，不費吹灰之力便能躋身上流社會。

有一些人含着金鑰匙出生，贏在起跑線上。他們可以報讀學費高昂的補習班，可以到歐美做交換生，可以唸數個學位，很容易就可以混出個名堂。有些人欺騙綜援後卻能每天吃吃喝喝，比你和我都逍遙

快活。實幹的人只好累死累活、死慳死抵，目的只是為了讓自己有瓦遮頭。

這個年代大學生太多，工作機會太少；很多人每月只能賺一萬多。不要講夢想，很多人連自己都無法養活。阿爸阿媽都不理解我們，只叫我們勤奮上進，讀大學，唸專業，不要蹉跎歲月，盡搞一些無作為的東西。

所以，請你體諒我們這一代的年輕人吧！

00 後廢青上
****

他正張羅如何寄出那封信，又不知道如何聯絡那個六十歲的阿伯。他無法寫上投遞地址，唯有按照昨天的方式，把紙團揉成一團，投進那個郵筒裏。他才猛然想起自己沒有貼上郵票，不知道郵差是否能把信送達那名奇怪的阿伯。不管了，他把信朝郵筒一擲，那個紙團奇蹟般地掉進郵筒裡。他揉揉眼睛，露出一副難以置信的表情。他沿着郵筒的外圍走了一圈，嘗試尋找那個不知道掉到哪裏去的紙團。可是，他尋找未果，只能走回家。

那天黃昏，他拖着疲倦的身軀，背着沉甸甸的的書包，在連續上完三個 DSE 補習班後又踏上回家的路。來到綠色郵筒附近，他下意識向那個方向一瞥。果然，他又看到一團揉皺的 A4 紙。他覺得不可思議，便隨即把它打開來看。他只看到兩行字：

後生仔：

命裡有時終須有，命裡無時莫強求。
珍惜當下，才配擁有。

六十歲的阿伯上
****

正藍頓了頓，反覆讀了幾遍，還是不明白。可是，在經過一番思索，他細細嘴嚼那寥寥數句，又好像明白了甚麼似的。

就在不遠方，一個身穿夏威夷恤，頂着一字眉的男人托了托眼鏡，嘆了一口氣，心中的結彷彿解開了一點點。

殖民地時期的郵筒

香港現在有大概 1480 個郵筒，其中，刻有殖民地君主標記的郵筒則有 59 個，形狀各異，有圓柱形的、橢圓柱形的和嵌牆形的[3]。這些標記主要分為喬治五世、喬治六世及伊利沙伯二世的徽號。走在街上，大家應該時常看到綠色的郵筒。但是，在香港回歸前，郵筒是紅色的，而且鑄有皇冠標誌。現在，這些皇冠郵筒在塗上綠色的顏料後繼續投入郵政服務。

郵筒上一般鑄有「GRV」、「GRVI」和「ERII」字號的符號；這些符號是君主的徽號：「ER」代表「Edward Rex」；「GR」代表「George Rex」[4]。在一九九七年

---

[3] 尋蹤覓蹟：《#殖民時期的香港：郵筒的英國皇室標誌》（2019 年 3 月 16 日），https://hong-kong-heritage.com/postingboxes2/。
[4] 尋蹤覓蹟：《#殖民時期的香港：郵筒的英國皇室標誌》。

前，郵筒一旦退役，它們就會被拍賣。譬如在一九九六年至一九九七年期間，香港一共有 18 個郵筒被拍賣。然而，現在，郵筒一旦退役，就會被移至郵局的倉庫貯存[5]。

---

[5] 長春社：香港舊郵筒，https://www.facebook.com/HKOldLetterBox/。

四、向黃大仙問卜

那天下午，陳家和李家兩家人到嗇色園黃大仙祠上香求籤。那裡信徒眾多，他們費了很大的勁才能上一炷香。接着，兩老分別走到神壇前跪下，向黃大仙問卜，再手搖籤筒。

圖八：黃大仙祠的入口

亞明出身草根，家住劏房；一家三口吃飯、睡覺、上廁所都在那一百多平方呎的空間內。陳父那年剛好因地盤工作受傷，公司只賠了一個月的薪水就把他解僱了。母親因父親的關係而要找工作幫補家計。她不識字，只能靠替人洗碗賺取微薄的薪金。她終於無法忍受這樣的生活。聽別人說，黃大仙祠很靈驗，她便和家人求神問卜，希望得到神明的指引，渡過難關。

亞豪的父親白手起家。出道不久,李父的賣衣服生意越做越有起色,更因此發了達。他臨中年才得一子;李父希望兒子可以得到上天庇佑,繼承自己的生意,將它發揚光大。於是,他們一家趁着週末來到黃大仙廟祈福。

兩個年邁的父親搖了數下,兩根籤在同一時間從籤筒掉出來。兩人撿起面前的那一根,一看,兩人反應截然不同。一根刻上上上籤(零一靈籤);另一根刻上下下籤(零八靈籤)。亞豪的父親拿到下下籤,一臉忐忑不安;亞明的父親拿到上上籤,欣喜若狂。兩人三步併成兩步衝到解籤處找相士解籤。

圖九:黃大仙祠的解籤區域

看着「鳴鳩爭奪鵲巢居，賓主參差意不舒；滿嶺喬松蘿蔦附，且猜詩語是何如」這兩句，那名相士搖搖頭，嘆了一口氣：「唉，是天意呀！天機不能洩漏，只能叫你且行且看。切記不要輕言放棄。」亞豪的父親聽畢愁眉不展，帶着妻子和小孩離開。另外的籤文是「靈籤求得第一枝，龍虎風雲際會時；一旦凌霄揚自樂，任君來往赴瑤池」。相士臉上露出難以置信的表情：「這是百年難得一遇的籤文，你的兒子將一帆風順，恭喜恭喜。」亞明的父親頓時喜上眉梢，哼着小曲，拉着妻子和孩子離開黃大仙寺。

亞明和亞豪日漸長成，性格迥然不同。亞明自幼貧困，但是在父母的激勵下，勤奮向上，在各方面都有優異的表現，父母感到欣慰。

亞豪在聽罷相士的解籤後認為自己將從此不幸。父親也突然因投資失敗險些破產。亞豪自暴自棄，考試屢次考第尾，繼而輟學。

亞明考入香港一流學府；亞豪則成了一名地盤工人。他每天汲汲營營，早出晚歸，既要燒焊，還要搬搬抬抬。他的薪金雖然比一般工作的薪金高，可是，地盤工作始終高風險。亞豪的母親經常擔心亞豪的工作安全。這一天，亞豪的母親帶他到黃大仙祠求一道平安符，保佑他工作期間平平安安。

亞明一直努力賺錢，卻保持單身。父母希望他三十而立，早日成家。於是，在同一天，亞豪和亞明分別來到黃大仙祠壇前上香。

亞明來到主殿上香。他隨後來到了斜前方有個月老及佳偶天成男女神像面前。他閉上眼睛，手掐手印[6]和拿着那裡提供的紅線，直接走到女性神像前，將紅線觸碰神像的腳並繫於神像的兩腳之間，虔誠地向神像求姻緣。

亞明和亞豪兩家人在黃大仙祠又相遇，他們在言談間認出了對方。他們甫出大殿就看到一個熟悉的臉孔。啊，那不正是當年那個解籤的相士嗎？他們趨前，異口同聲問道：「先生，還認得我們嗎？」他們遂向相士作自我介紹。過了一會，相士終於想起他們是誰，客套地問道：「大家過得怎麼樣？」亞明喜滋滋地回答：「不錯不錯，感謝先生的指點，現在雖然算不上大富大貴，但是也叫不愁吃喝。不過，小弟還未結婚，母親希望先生能再贈我幾句。」亞豪沒有答腔，一臉羨慕地看着亞明。受到亞明的委託，相士掐指一算，眉頭一皺，心裏嘀咕着：奇了怪了。這個人明明平平無奇，為何有這麼的好運氣。難道我一開始算錯了嗎？我看他也好像沒有討老婆的命。他只好敷衍地說道：「快了快了，不過，先生還是要看緣分，感情這些事情是無法勉強的。」他知道，人有些時候，搬出「緣分」二字也能勉強搪塞過去。不過，有時候，人算不如天算，未到最後，我們也無法洞悉老天爺的安排。相士只能搖搖頭，默默地在心裡嘆氣：天機不可洩露。

相士再扭頭看向靜靜站在一旁的亞豪。他見那個小子額頭方圓飽滿，眼睛神韻充足，眉毛上揚，眉宇

---

[6] 沾上拇指和無名指，再交叉穿過拇指和無名指。

間散發着不凡的氣息。然而，他留意到面前這男子衣着樸實，像是飽歷滄桑一般。可是，這也無法掩蓋他的英氣。相士納悶着：不對喔，根據相學書，擁有這副面相的男人應該一帆風順，為甚麼他落得如此田地。「後生仔，你有成功人士的面相，可是我記得您當時抽到的是下下籤。」「對喔。我的媽媽也是這樣告訴我。她要我量力而為，也要我認命。我感到很自卑，像是夢魘降臨：在工作中常遭到小人陷害，是非纏身；另外，女朋友嫌我沒有上進心，她們一家經常對我冷嘲熱諷。而她剛剛向我提出分手。唉，師傅，我們的人生是天注定的嗎？」相士贈他兩句：「人生九成由天注定，一成靠後天打拼。你自己看着辦吧。」

然而，相士可能不知道，老天爺或許有時候也會跟人開個玩笑。就像那天，在黃大仙祠裡，亞明和亞豪的父親在忙亂間撿了對方的籤。不過，這難道不也是命運的安排嗎？「天將降大任於斯人也」，或許相士也沒有完全算錯亞豪的命運：終有一天，亞豪將會成功。

嗇色園黃大仙祠

黃大仙祠一直香火鼎盛，前來問卜和祈福的善信數不勝數。廟宇建於一九二一年，建築群由嗇色園管理，並於二零一零年五月列為香港一級歷史建築。

黃大仙祠供奉道教神祇黃大仙、儒釋的神明（如孔子和觀音）和關聖帝君。有關黃大仙的傳說，根據末末道士倪守約所編的《金華赤松山志》所記載，黃大仙原名黃初平，十五歲得神仙指點後得道隱居赤松山，故有「赤松子」的稱號。相傳他能開出治療奇難雜症的藥方讓病

人藥到病除。因此，黃大仙後來發展成為人治病和救人厄困的角色。

而在一九一五年，普慶壇的創建人——梁仁庵道長把這個信仰傳入香港，並沿用「藥簽」和「靈簽」讓善信獲得「仙方」，也供他們扶箕和問事。雖曾經歷了日軍政府和香港政府的收地危機，黃大仙「有求必應」和根治疫病的能力也成了廟宇時至今天仍然絡繹不絕的其中一個原因。在一九五六年，黃允畋道長成為黃大仙祠的總理，黃大仙祠正式向公眾人士開放。在一九六九年及一九七九年，嗇色園分別創辦可立中學及可敬護理安老院（註：院方於二零零五年因安老院舍設備逐漸老化而把地歸還政府）。由於現代的醫學發展迅速，透過藥籤得仙方的方法如今已不合時宜。仙方的內容則以文化保育形式保存[7]。

同時，嗇色園也會發展不同慈善業務，如安老服務、文化推廣等等。現在的黃大仙寺規劃井井有條。

圖十：黃大仙祠代表十二生肖的十二尊銅像

---

[7] 黃大仙祠提供的資料單張。

25

來到寺廟的中央位置，遊客將看到十二尊代表十二尊生肖的銅像。它們手執毛筆、書卷、寶劍、芭蕉扇等工具。這些銅像的右側是一個又一個的解籤攤檔。

圖十一：黃大仙祠主殿

走上前方的階梯，我們來到大殿。它的三側供奉着不同神像，包括藥王及財神等。再往前一點，我們會來到一個詢問處；那裡放着很多籤筒供人免費索取使用。到了大殿中央，那就是一個讓人求籤的區域。只見那裡整齊地放置着一列一列褐紅色的墊子。善信拿着籤筒，跪在墊子上。他們在心裡默念自己想問有關事業及姻緣等的問題，隨後便會搖晃籤筒，直到籤從籤筒掉出。黃大仙寺的籤文有 100 則，其中有 3 支上上籤、10 支上吉籤、29 支中吉籤、40 支中平籤及 18 支下下籤。不同籤文可有不同解讀。

五、父親與燈塔

圖十二：鶴咀海底電纜站

他呆望遠方，想起了遠方的兩張臉孔：一張是溫婉可人的臉，另一張則是稚氣未除的臉。早知道他那天就不要一怒之下一走了之，拋下老婆兒子，一個人跑到渺無人煙的地帶。

身在石澳的鶴咀迎來天涯海角，他來到香港的最南端，看到一望無際的海洋，他終於能喘一口氣，放飛自我，尋找自己歸隱田園的理想。他很想主宰自己的人生，不用活着別人安排的人生：既要省奶粉錢，也要努力賺錢。他沿路穿過一個又一個的電纜架，穿過那一坪在電訊盈科發電廠旁邊的草地，他來到海灘，看到了一副鯨魚骨架[8]，懷念一下傳說中

---

[8] 殺人鯨「海威」在一九九七年四月離世，享年 22 歲。相傳牠的骸骨被製成標本，放置在鶴咀海岸保護區內。然而，香港海豚保育學會學術顧問表示它體型沒有那麼碩大，而她相信「海威」的屍體已遭到焚化。那副擺放在鶴咀的鯨魚骨其實是屬於一條在一九五五年在維港擱淺的鬚鯨。（《搜查線：殺人鯨海威魚骨　長放天涯海角？》（2016 年 11 月

海洋公園的那頭殺人鯨海威。他依稀記得父親在他上小學的時候帶他去那兒遊玩。他覺得那隻動物特有靈性：紋理黑白分明，咧嘴而笑。可惜，他沒有機會帶着孩子再看海威，海威在 1997 年因病離世。

圖十三：放置在鶴咀海岸保護區的鬚鯨魚骨

在那裡的頭一個星期，他嗅到自由的空氣，他覺得耳根清靜：沒有老婆的碎碎念、沒有老婆子女的吵架聲，也覺得肩上的重擔突然釋除：他不用再供款，也不用在孩子面前禁止吃垃圾食物和看電視。時值七月，艷陽高掛，山路中央光禿禿的，他登上一個石丘，在石縫中找到招潮蟹，也在草叢間找到亂舞的蝴蝶。到了盡頭，在某處拐彎，經過一番折騰，他終於來到了蟹洞。

11 日），東網，https://hk.on.cc/hk/bkn/cnt/news/20161111/bkn-20161111060048863-1111_00822_001.html。

圖十四：蟹洞

這位父親早年崇尚自由，孑然一人，過一天算一天，就像此時此刻拍着岸一波一波的浪花，他毋需理會明天那片海洋是否依舊風平浪靜。他苦笑一下，臉頰濺出兩個淺淺的酒窩。對他而言，婚姻和孩子是可遇不可求的人生目標。他覺得能夠養活自己就可以了。他認為人一生不必跟隨潮流，肆意追逐名和利。因為，沒有比較，就沒有傷害。如果說他甘於平淡，其實不然，他只是害怕承擔不必要的壓力。他凡事量力而為，他鄙視一些依靠他人的人，認為成功不能靠父幹。他很有個性，很有原則；只要他認為是對的事情，他便會堅持下去。可是，他的作風卻引起了孩子很大的反響。

他的兒子 Blue 跟父親是同一個模子刻出來的，性格和脾氣都一模一樣，特別倔強。父親常常告訴Blue：

「做人要有原則。一個人要注意品德修養及做人態度。這些都比學業成績更重要。」然而，Blue還小，處事較自我中心，因此，他常常被父親苛斥。Blue認為自己沒有做錯，心有不甘，開口回敬了父親幾句，一扇扇的耳光就摑下來，打疼了他的肉身，也打碎了他的自尊。Blue常常鼻青臉腫的，徹夜未眠，對抗父親的意識更強了。這構成了惡性循環，兩人水火不容。後來，他們便互相不瞅不睬。做爸爸的直接放棄了兒子，對他的功課不聞不問，把他當成透明。兒子則感到氣餒，覺得自己很沒用。當其他同學有父親疼，可以與父親一塊踢足球時，他只能在一旁啃着筆桿羨慕着。在那一刻起，他只能靠自己，他絕對不能被父親看扁。終有一天，他再也不需要這一位他曾經尊敬的父親。

圖十五：鶴咀燈塔

一天，父親如常沿着一條窄窄的梯級登上鶴咀燈塔，看着他家的方向。那是一座乳白色，以花崗石建構的圓形石塔；它有一個以粗琢石塊砌成拱形的大門，塔頂是一處以圍欄構成的圓圈。在塔的中央刻着數字「158」。他感到有點渴，便走到他經常光顧的士多，要了一瓶可樂。

那個老闆一看到他，熟絡地向他打了個招呼：「林生，又見到你了，今天你早到了。」「是喔，今天逛着逛着有點渴，就過來看看你。」士多老闆用開瓶器「卜」的一聲打開了可樂瓶，把可樂瓶遞了過去。「你也來了一段時間了，考慮得如何？是打算長住嗎？」「我也不清楚。這裡空氣好，環境寧靜，遠離城市的繁囂。不過，這裡就是隔涉了一點，有點不方便。另外……」他也不知道可以再說點甚麼，怪難為情的。「你的家人呢？開始想他們嗎？」他頓了頓，仔細思索了一下：自由誠可貴，可是，失去家人，他有點寂寞。從前，他的生活雖然苦，但是，那始終是他生存的目標；在這裡，他雖然擁有自由，但是，他卻感到空虛和不明所以。他知道自己做錯了，可是倔強的他不會承認自己的過失。他暗暗地說了句：「怎麼會呢。我正在享受着得來不易的自由。」士多老闆看着這名嘴硬的阿伯，心裡暗歎卻又竊笑着：去他的中年危機。

林先生回到他在鶴咀的居所，拿了幾件簡單的行李，起程前往市區裡去。他打算先繞到家附近視察一下環境，再編個理由堵着家人的嘴巴。走着走着，他從遠處瞧到他的兒子 Blue 背着書包的身影。看着兒子勞勞碌碌，努力付出的樣子，他明白到自

己一直逼得他太緊了。突然，他看到 Blue 做了一個讓他感到費解的動作。他上前一看，看到郵筒前堆積的紙團。他撿了起來，打開看看兒子他到底葫蘆裡在賣甚麼藥。畢竟他從來沒有傾聽，也沒有理解兒子的想法。這是一個契機，讓他更容易履行他作為一名父親的責任。他笑了笑，一字眉彎彎的，他從筆記本撕下了一張紙，揮筆在空白的紙洋洋灑灑地寫了很多話。後來，他把那張紙揉成一團，扔到郵筒前，繼續往家的方向邁進。

鶴咀燈塔

鶴咀（英文名稱為 Cape D'Aguilar）位於香港島南區赤柱及石澳地區的鶴咀半島南端。那裡最著名的地標為一八七五年落成的鶴咀燈塔和於一九九六年劃定的鶴咀海岸保護區。

鶴咀燈塔是本港現存最古老的燈塔。它的編號是「158」，用來紀念香港的副總督和駐港英軍總司令的德己立少將。燈塔高 9.7 米，採用煤和石油氣燈，透過一級屈光鏡，射出能覆蓋 23 海里以外水域的白色光源。這座燈塔與香港的經貿和海事發展息息相關。它屹立在小島上，為來往小島和城市的船家照明。

燈塔在一八九三年，也就是在橫瀾燈塔落成啟用的那一年，便失去其原有的功能，直至一八九六年全面停止運作。為了能提升青洲燈塔照明裝置的性能，當時的政府於一九零五年將已停用的鶴咀燈塔照明設備遷往青州，讓它在青洲綻放光明。當時的政府從英國聘請了阿奇博爾·拜爾德(Archibald Baird)擔任燈塔的看守員。他除了要在就職前接受燈塔和訊號燈製造公司的訓練，還要在

人跡罕至的小島上駐守，即使遇上突發事件也只能獨自
處理[9]。

在一九七五年，鶴咀燈塔改為自動化操作，燈塔的燈光
再次亮起[10]。

在二零零六年，鑒於燈塔的歷史價值和在香港海事史上
扮演重要的角色，它在香港服役 130 年後終於被列入香
港法定古蹟。

[9]余思朗：《【海島之顛】香港戰前燈塔只餘 5 個　最老超過 140 歲！》
（2017 年 5 月 20 日），香港 01，
https://www.hk01.com/社區專題/92415/海島之顛-香港戰前燈塔只餘 5
個-最老超過 140 歲。
[10] 樂匯：《香港六座香港最古老的燈塔，黑夜裡點亮着不老的傳說》
（2011 年 8 月），http://www.ifuun.com/a2018081115393434/。

六、家事判官

終審法院於一九一二年落成，於一九八四年遷往金鐘法院道現址，其後遷往舊最高法院大樓。大家都知道終審法院審理有關民事、憲法和刑事方面的上訴案件。但是，大家可能不知道，原來，在原審庭旁邊的側門有一個小房間。那個小房間不是法官的休息室，而是審理家事的法庭。常言道：「家家有本難唸的經」，所以，除非是申請人雙方同意，否則，其他市民無法進去那個小房間旁聽。這些案件的案情一般比較瑣碎，抑或雙方壓根不打算辦理離婚，只是希望找人評評理。雙方需要靠具有法律權威但又不具約束力的審訊來釐清他們的疑慮。這個法庭沒有一般法庭的繁文縟節，比較隨意。同時，審理案件的法官也比較人性化。所以，與其說這是一場審訊，倒不如說那是婚姻諮詢吧。

當天，一對中年夫婦來到小房間。他們的髮絲漸漸泛灰白，樣子有點惆悵。從他們的身體語言中，旁人應該可以看出，他們從最熟悉的人變成了最陌生的人：一個好好先生在和善的臉孔下原來是一名死要面子的大男人；一名溫柔的女人卻成了斟酌茶米油鹽的家庭主婦。現在兩人並肩而行，步伐不協調，感覺不自然。

來到這個令人鬱悶的房間，他們坐到房間的兩側，感覺就像是案件的原告人和被告人。法官跟審理其

他案件的程序一樣，會從側門敲門入內，夫婦二人一同起立，向法官鞠躬行禮。他們一坐下來，法庭書記便開始陳述案情：二零一九年八月十九日，男方李世豪把盤子裡的最後一塊肉吃掉，卻沒有把肉留給女方陳美娥。女方滿臉油煙走到飯廳，期望能夠坐下來好好吃一頓飯，看到空空的盤子隨即一臉沮喪。女方有點氣不過嘀咕幾句。怎料，兩人爭吵一發不可收拾，差點鬧離婚。但是，由於孩子還小，他們還不想離婚。於是，他們向這個特別的法院作出聆訊申請。兩名當事人沒有律師代表。法官聽罷皺了皺眉毛，心裏在想：又是這一類雞毛蒜皮的事情，當事人又是把小事化大。唉，今天又是漫長的一天。

法官開腔：「李太太，你可以作出你的陳述。」李太太隨即控訴：丈夫表面上是一個好好先生，從來不會推搪朋友的請求，常常使命必達。但是，他對家人卻不聞不問，對妻子肆意責怪，對自己的子女嚴厲對待。她也指出這事件雖然因一塊肉而起，但是這隱含着他對家人的態度和付出。法官聽罷，回頭問李先生有甚麼回覆：「李先生，我也想聽聽你的陳述。」李先生頓了頓，說道：「當初，我在追求太太的時候，事事忍讓，用盡一切方法，冀望能夠把她追到手。她聰明、美麗、有學識；很多人都認為她嫁給我，就像是掉入凡間的仙女。可是，後來，我發現孩子出生後，她省吃儉用，連坐趟計程車或看一齣電影都捨不得花錢，說是要存錢養孩子。在我眼中，她實在太吝惜了。她十分重視成就和名利，這讓我有無比壓力。她也太寵溺孩子，是標準的『二十四孝』母親。可是，時間久了，我不想再這樣子了，我從現在起要為自己討回公道。」

法官開口：「女方有沒有甚麼要補充？」李太太說：「李先生非常自負。他有時候橫蠻無理，如果有一點不合意就會發脾氣、逃避面對一切，也逃避這段婚姻。他就是一名懦夫。他曾經以離婚威脅我。我已經為整個家庭付出很多心血和青春，可是為甚麼他就是不懂得欣賞我的付出呢？」李先生聽了老羞成怒。他一直認為自己是對的，而其他人是錯的。沒想到，他的妻子會當着外人道他不是。未等法官給予指示，他拍了一下桌子，逕自站了起來。法官敲了敲桌面：「請李先生保持肅靜，在我問你問題後，你再回答就可以了。」李先生立刻噤聲，坐下了。

法官見狀，說道：「好吧，既然雙方陳述完畢，請雙方呈上有關證據。」李先生率先說：「我有兩份證物。」他呈上一份名為「LSH-1」的證據，解釋道：「『LSH-1』是一份心理診斷報告，上面載有我服用精神科藥物的紀錄。這闡述我在這段婚姻中所承受的種種壓力。」他繼而再遞交一份名為「LSH-2」的文件。那是一封他寫給妻子的信件，上面載滿了他對妻子的各種控訴和不滿。法官看着，皺了皺眉頭，牽扯在別人的家事，他心裡暗暗叫苦。

李太太含着淚。她想不到，當愛情在生活底下晾得太久，它會變得一文不值，甚至讓人極其厭惡。在前來終審法院聆訊以前，她翻遍了所有文件和訊息，希望可以找到對自己有利的證據。可惜，她翻

遍了整個家，也只能找到一張結婚證書和一張結婚照。輪到她提交證據，她低下了頭。跟李先生不同，她沒有抱怨的時間和機會。正確來說，她連一張紙都沒有。她垂頭喪氣，說道：「法官閣下，我沒有任何證據，我選擇放棄。我認輸了。請判他勝利吧。」法官閣下忍不住開腔：「李太太，你先不要難過。你還沒有輸。依我看來，你好像更愛李先生，也更想守護你們的家。」他繼續說道：「在婚姻和家庭的國度裡，從來就沒有單一的法條能夠判斷孰是孰非。而我的職責就是衡量雙方的付出和愛情的份量。」他回個頭來，向李先生說道：「本席明白你對李太太有很多不滿，不過，她只是表達愛情的方式不合你意。歸根究底，她所做的一切也只是出於愛。我審理過很多類似的案件，領悟出一個道理：在婚姻中，很少夫妻能永遠相看兩不厭。然而，有時候，請停下來，換個角度思考，看看別人的出發點吧。本席奉勸你看看她的真心！」

李先生聽罷，先是呆了一下，接着便是恍然大悟的覺醒。他安靜了。他看了結婚證書一眼，再看看坐在對面的妻子。她依舊是那個不施脂粉、臉上有着歲月痕跡的「黃臉婆」。不過，她臉上好像抹了一層光，眼神多了一份少女的青澀。看着看着，他好像對她又多了幾分欣賞。她好像變回他追求很久的女神。

看着李先生的眼神從囂張到溫柔，法官也明白到一個道理：從前，法律只能守護有備而來的人，而一顆真心卻能守護它的主人。這也正是這個特別法庭設立的目的。

終審法院

終審法院樓座落於香港中環昃臣道 8 號。它樓高三層，以花崗岩建造，地基以 1447 棵杉木作為樁柱。它的建築風格呈現新古典主義。這幢大樓中央的穹頂位置由雙層鋼架和桁架內部結構支撐，頂塔上嵌有代表英王愛德華七世御冠的都鐸皇冠雕塑。這個屋頂以中國傳統柚木支撐。面向皇后像廣場的中央門廊上方三角形的裝飾刻有「Erected AD MDCCCCX」字號（中文譯作公元一九一零年豎立），那裡左右兩旁刻有以圓環襯托的「E」及「R」，象徵英王愛德華七世「Edward Rex」。

圖十六：終審法院及泰美斯女神像

蒙上雙眼的泰美斯女神像高 2.7 米，右手持天秤、左手持劍，分別代表公義和權利，而被蒙上的雙眼代表大公無私。它佇立在面向皇后像廣場入口的上方。由於此處入口供犯人使用，把雕像放置在這個位置比喻這些犯人能得到公平公正的審訊。

地面上那壯觀的柱廊是由每根約 17 米高的愛奧尼亞式圓柱及多立克式圓柱構成，幫助散熱。門窗設計對稱，圓柱有條不紊地排列着，象徵法治、規則和公平[11]。

圖十七：終審法院的柱廊

---

[11] 尋蹤覓跡：《新古典主義：終審法院大樓的建築特色》（2019 年 9 月 28 日），https://hong-kong-heritage.com/courtoffab2/。

據司法機構的介紹，新大樓內有兩個法庭、特區終審法院法官辦公室、律師專用休息室、更衣室、會議室、記者室、登記處等，並加裝了於晚上使用的閉路電視及外牆射燈[12]。

在一九零三年，大樓進行奠基儀式時，基石底下埋藏有數份當年的報章，還有一些本地鑄造的錢幣。在一九一二年，最高法院由時任港督盧吉（Frederick John Dealtry Lugard, 1st Baron Lugard）主持開幕。當時的首席按察司(Chief Justice)對香港的法治抱有信心，他說道：「即使他日維多利亞城不復存在，海港被淤泥壅塞，香港會所坍塌湮沒，這座大樓仍將如金字塔般巍然矗立，為遠東的睿智留下見證。」[13] 那時的法院只有 3 個法庭；由 1 名首席按察司和 1 名最高法院法官主理。若有人對判決不服，他可以申請上訴，而兩人則會組成合議庭審議有關上訴[14]。

在一九一二年至一九四一年間，這棟大樓被用作最高法院及律政司和民事檢察專員辦公室。緊接着這段時間，這裡在日本佔領期間，成為憲兵隊的總部。在二戰後，這棟大廈輾轉多次被用作最高法院。在一九八四年，終審法院的外部根據《古物及古蹟條例》（香港法例第 53 章）獲宣布為法定古蹟。在第二年，它成為立法會開會的地方。直到二零一五年九月七日，這裡再次成為終審法院的地址[15]。

---

[12] 李自明：《舊立會大樓「變身」終審法院「回故居」》（2015 年 9 月 8 日），http://paper.wenweipo.com/2015/09/08/HK1509080043.htm。

[13] Peter Moss（2003）《Building Hong Kong》FormAsia, P.39。

[14] 王樂賢：《入選建築（37）：舊最高法院大樓》(2014 年 11 月 27 日) http://www.etnet.com.hk/www/tc/diva/art/feature/28791。

[15] 香港終審法院：《終審法院大樓 － 歷史簡介》（2015 年 6 月 19 日），https://www.hkcfa.hk/tc/about/cfa_building/CFAB/index.html。

今時今日，法院大樓底層的東南方為犯人及辯方區域，並由獨立升降機連接地下及建築物二樓。大樓的西南面設有公眾入口、保安控制區域及大堂；它的東北及西北入口則供法官及職員使用。地下設有圖書館，更設有育嬰室及傷殘人士洗手間等設施。法院的一樓是一號庭及二號庭的所在地。法院的東面現為法官辦公室及休息室；南面則為法庭大堂、記者室、更衣室及會議室。它的二樓是辦公室及會議室[16]。

一般而言，在聆訊期間，每名終審法院法官會穿上黑色長袍及繫上白色花邊飾帶；但是，他們並不會戴上假髮。在聆訊期間，市民可以進出法庭，不過，請記緊要向法官鞠躬。同時，市民在法庭內不能進行拍攝、錄音或錄影[17]。

---

[16] 香港終審法院：《座位安排》（2015 年 8 月 4 日），
https://www.hkcfa.hk/tc/visiting/attending/where/index.html。
[17] 香港終審法院：《其他有用資料》（2018 年 6 月 23 日），
https://www.hkcfa.hk/tc/visiting/attending/other/etiquette/index.html。

七、永恆的記憶

陳伯和陳婆婆打扮整齊，跨着年邁的步伐攀上樓梯，來到擁有幾十年老字號的傳統影樓—「尖尖照相館」。男的梳了一個曾經風靡一時的「all-back頭」，打着領帶，穿着緊身西裝和一雙刷得發亮的尖頭皮鞋；女的穿着碎花洋裝，腳踏高跟鞋，由陳伯扶着。當天，照相館正進行自己動手拍攝和沖曬照片的體驗，吸引很多上了年紀的公公婆婆光顧。

「下一組，請來到這塊布幔前，我們會有同事帶着你們體驗活動。」負責接待來賓的阿文簡單交代了一下，便走到隊尾繼續幫忙剛到達的公公婆婆辦理登記手續。未幾，陳伯牽着陳婆婆的手慢慢走到白色的布幕前。阿俊拿着一部相機，笑容可掬地上前自我介紹：「哈嘍，爺爺奶奶，我是俊仔呀。今天，我會教您們如何拍出扣人心弦的照片。眼睛可以紀錄我們身邊發生的一切，而回憶可以盛載影像的殘影和感覺。但是，當這兩項有時不太靈光，我們就要靠它了。」他指着相機。陳伯和陳婆婆相視而笑，仿佛感同身受。「對呀，我想讓她回到年輕時。麻煩你了，年輕人。」陳伯寵溺地看着太太，陳婆婆卻只顧着笑。

「好的，事不宜遲，讓我講解一下如何操作這部相機吧。中長焦鏡頭是以這個部份來手動控制光圈，或者是按這個或那個按鈕來手動控制快門。您這樣按下快門就可以了。」陳伯摸着自己年輕時曾經一度想入手的單反相機，手指顫抖着；阿俊抓着陳伯的手托着相機。「很好，先套上相機帶，望向觀景

窗，再跟陳婆婆講解一下她應該站哪兒。」陳伯看著懸在前方的白色布幔，伸手示意陳婆婆往布幔走去。「乖啦，你站在那塊白色布前不要走開，擺你喜歡的『甫士』就可以了。」陳婆婆點點頭，走到那塊布幔前，咧著嘴露出天真漫爛的笑容。陳伯看到她可愛的模樣，瞇著眼睛看得直發愣。阿俊的聲音猛然在他的耳畔響起，「陳伯，你試下校一下個光圈和角度，再調一下遠近，按下快門，試試效果如何吧。」

陳伯看著觀景窗裡反映著陳婆婆的身影，宛如回到二十二歲。那時候，他們常常在陳婆婆家旁邊的小公園約會。記得那年，她梳著齊蔭瀏海，頭上戴著一個頭箍，穿著花裙子，腳踏亮閃閃的皮鞋，每次約會都一副滿懷期待的模樣。他都會叫她「小丫頭」，摸摸她的頭，牽起她的手便往公園走去。他們會喝著陳伯為了節省約會費用而打磨的豆漿。陳婆婆咕嚕咕嚕、大口大口地喝著飲料；陳伯又會一臉滿足地看著她鼓著腮幫子的模樣，心裡直呼「小胖豬」。「對了，哪個是快門呢？」阿俊再向陳伯示範一次。按下快門的一刻，陳伯暗暗告訴自己：「都怪我沒有好好照顧她。她現在這個天真的模樣或許對她更好。她的餘生就讓我來負責吧！」阿俊湊前一看，相片裡的陳婆婆好年輕，鬼靈精的眼神穿透鏡頭，直勾勾地看著她的陳大哥。阿俊看了，淚水在眼眶打轉，他清清喉嚨，說道：「陳伯，你可以為陳婆婆再多拍幾張照片吧。」陳婆婆聽到又可以拍照，高興得手舞足蹈，走到白色布幕前又擺了幾個「甫士」，陳伯一邊嘆氣，一邊看著陳婆婆好久好久。阿俊突發奇想，邀請陳伯和陳婆婆一塊兒牽著手合照。有人說夫妻在一塊久了，就會有夫

妻相。乍看之下，他們的笑容上揚的角度一致，眼睛彎彎的。陳伯看着陳婆婆的側臉，捏一下她的掌心，他似乎得到全世界。

阿俊拿着菲林去沖曬，讓陳伯、陳婆婆「睇辦」。他們選出那張陳婆婆偏着頭稍稍抬起左腿的照片。「陳大哥，這張照片的尺寸可以再大一點嗎？要這麼大就可以了。」陳婆婆揮着雙臂，興奮地比劃着。照片沖曬出來了，技師用毛筆在硬照上「化妝」加工，最後製成六十年代風味的合照。在等待期間，陳伯問道：「對了，年輕人，你今年貴庚？」「我今年二十三。」陳伯數數手指嘀咕着，「唔……似乎跟我們的孫子差不多大了。不知道我的孫子現在如何呢？」他再問道：「有女朋友了嗎？」阿俊吃吃笑笑，回答：「有啊，剛求婚成功了。」陳伯說：「那就好。恭喜你呀。你的父母一定很欣慰。」他搔搔頭，說：「他們還沒知道。」「那你得先告訴他們以示尊重哦。」「嗯，我會的。」

阿俊拿着陳伯、陳婆婆的合照，心裏默念着：「父親，我要結婚了，女孩跟奶奶一樣活潑可愛。爺爺奶奶現在過得很好，但就是甚麼都記不得了。我會代你好好照顧他們。」

尖尖照相館

從前，油麻地有一間照相館，名為「尖尖」，寓意生意漸入佳境。現在，這間照相館則改名為「善美影室」。在當時，不少老街坊都在這照相館拍過證件相、婚紗照或全家福。試想想，一踏進影樓，你會受西式軟椅、玩具、書籍等拍攝道具包圍。在拍照當天，照相館的職員會為你吸面油，再整理衣領及頭髮。隨後，這些菲林相會經人手加工。相比電腦處理的便捷和多元化，你會發現師傅每一個步驟、一筆一畫都是經過他的經驗和判斷勾勒[18]，這讓相中人多了分動人的神采。

一九三七年，尖尖照相館在彌敦道369號開業，及後，這家照相館遷至北海街現址[19]。在過去，拍照、沖曬和執相各有專人負責。後來，尖尖照相館的老闆因九七問題及對相片沖曬業感到悲觀，便把照相館轉手。林國盛及兩名伙計以港幣二十萬元把照相館頂手，改名「善美照相館」，寓意老闆和老闆娘二人同心協力。

看了有關老闆林國盛的報導[20]，他的人生充滿挑戰。他是尖尖照相館第三代老闆。他自從六歲那年於尖尖照相館拍了一張學生証件相後，便於中學畢業後毛遂自薦，來到尖尖照相館當學徒。他當時邊做邊學。除了在影樓工作，他有時還要出勤到婚宴場地拍照。讓他印象最深刻的是有一位客人因罹患癌症，自知時日無多，請他替自己拍遺照。林國盛於是便請他把自己當作中頭獎般露

---

[18] 師傅會用素描筆移除臉上的暗瘡、眼袋、皺紋等臉部瑕疵。

[19] 《敵不過時代巨輪　老影樓將結業》（2016 年 1 月 3 日），東網，https://hk.on.cc/hk/bkn/cnt/news/20160103/bkn-20160103105201621-0103_00822_001.html。

[20] 《層次深度無可取代 林國盛堅守香港最後的菲林照相館》（2021 年 2 月 14 日），聯合新聞網，https://udn.com/news/story/7332/5241553。

出笑容。那名客人最後不敵病魔，與世長辭。他的女兒在看到父親的遺照時感動不已。原來，一張照片可以有震攝人心的威力。隨着拍攝手法和沖曬現代化，菲林照片的時代在倒數中。林先生曾說道：「有時我覺得，每一個相框，都是菲林相機的墳墓。」[21] 而這名老闆兼父親也有一堆笑話逗客人笑。他的兒子也偶爾會到父親的店舖幫忙。父子兩人互相鬥嘴，倒是珍貴無比的時光。

隨着智能手機的拍攝功能日臻完美，修圖技術普及化，每個人都能輕易拍出令人滿意的照片。當然，數碼相機也方便使用者打印照片。因此，像尖尖照相館這類舊式影樓逐漸式微。

---

[21] 《影樓終結前 定格男人浪漫》（2015 年 11 月 20 日），端傳媒，
https://theinitium.com/article/20151120-parenting-family/。

八、夢想的起點

那天，父親被電單車撞倒，躺在深切治療部的病床上，氣若游絲地交代阿俊要在適當的時候開啟錦囊。說完，他緩緩闔上眼睛，結束了痛苦但短暫的一生。阿俊的母親因為嫌棄丈夫平庸，在阿俊十歲的時候離開了他。從此，阿俊的父親身兼母職，既要賺錢養家，又要照顧阿俊，也要在他遇到困難時開導他。要知道男生一般比較晚熟，況且，「學好三年，學壞三天」，當一個稱職的父親可真的一點也不容易。

在父親闔上眼睛的那一刻，阿俊除了悲痛和驚惶，他心裡還有一個疑問：爸，你這次究竟把錦囊藏在哪裡？

錦囊是他倆的秘密。父子兩人很難像母女般進行「girls' talk」而不感到彆扭。於是，父親會偷偷在家中不同角落藏些紙條去鼓勵兒子。有一次，阿俊模擬考試不及格，父親板着臉接過成績單，全程不發一語，而阿俊則低着頭聳着耳朵，一臉羞愧不已。父親看在眼裡。第二天，阿俊在他的那一份早餐裡發現了以巧克力醬拼成的「加油！」。他大吃一驚，連忙扭過頭看着父親；父親用眼尾的餘光掃向兒子，隨即裝作若無其事，啃着乾巴巴的隔夜麵包，繼續低頭讀他的報紙。又有一次，阿俊失戀了。父親當下束手無策，不知道該如何安慰他，只好寫了一張為他打氣的紙條，把它夾進書本裡遞給阿俊。「要出人頭地，人的腹內就要多點墨水。你

啊，不要想些有的沒有。」就此，他們興起了藏起和尋找錦囊的習慣。

父親有時候會把形形式式的錦囊藏在阿俊意想不到的地方：書包、樹洞、抽屜、褲袋等等。那麼，這一次，父親會把錦囊放到哪裡去呢？阿俊採取一種比較佛系的態度，他認為，當時機成熟，答案就自然會浮現。這個謎團卻在阿俊翻找父親的遺物時揭開。

那是一封爸爸在阿俊在大一考 Contract Law 當天預先寫給阿俊的信。信上寫道：「兒子，這應該是最後一個錦囊了。你明天要娶老婆了。原諒我沒有留住你媽。不過，我希望你能隨着我的鼓勵走完你的人生路。爸爸會一直在你身邊。這次，為了讓整件事情更有趣，我給你一個謎語讓你猜猜。而這個錦囊的謎面是：MB401。那裡是你夢想的開端。」

阿俊心裡重複着「MB401」這一串夢魘般的字元。

終於，在阿俊從律師樓辭職後，他毅然踏上一趟尋寶之旅。他帶着照相機回到自己的母校──香港大學，去尋找初心。在他唸法律系的時候，他抱着的是正義和助人的熱情考進系裡去。不過，這份衝動終被現實磨蝕。幸運的是，在那漫長的四年法律生涯中，他也找到了自己的興趣。那就是攝影。

晃着晃着，他來到本部大樓──他上導修課、進行考試及出席 High Table Dinner 的地方。那些寒窗苦讀的日子一一湧現。在長長的走廊上，歷史和幻象交織着。黎明載着玫瑰，騎着單車，在走廊上馳騁，一

心要去見舒淇一面。在這條長廊上，兩人在擁吻着[22]。阿俊耳畔仿佛響起那首悠揚卻帶着淡淡憂鬱的歌：Try to remember the kind of September/ When grass was green and grain so yellow。這首歌曲象徵着停留在過去的回憶。

圖十八：陸佑堂正門樓梯

吭着歌曲，他不知不覺來到了一間名為 MB401 的房間。他靈光乍然，輕輕推開房間的門。咦，這個不就是他攝影學會常常租用的房間嗎？這個地方又是

---

22 電影《玻璃之城》著名的一幕。

他與父親相約參觀港大校舍的起點。那天，父親驕傲的情緒躍然於臉上，彷彿他自己才是港大的學生一般。

推開門，映入眼簾的是一排一排的木桌連木椅子，前面是一塊舊式黑板，四處瀰漫着一股如黃昏般的檀木味道，有讓人穿越時空的錯覺。阿俊不禁想：難道是藏在電腦裡，或是刻在凳底？於是，他四處探索。對了，第三行第四張椅子就是他以前開會的固定座位。甚麼是夢想？甚麼是職業？甚麼是他需要堅持下去的理由？攝影機可以捕捉值得紀念的一刻，或是重新塑造一個時空和世界觀。阿俊喜歡一個美好的世界；他喜歡看到別人滿足的笑容。畢竟，他的童年不快樂，而法律這個行業太複雜也太冷酷了。他撫心自問：他可以忍受日復一日、年復一年，看着律師們雄辯滔滔，為雞毛蒜皮的事情爭個你死我活嗎？在這個世界上，他是否只有成為律師這一個選擇呢？如果放棄了律師的路，那他從前努力不就白白浪費了嗎？

真誠地相信一個夢，當夢醒時，他可能惦念着過去那些他認為市儈的價值，回歸現實。不過，與其痛苦地走着一條大家認為是對的路，他倒不如走一條適合自己的路吧。

在那一刻，他下了決心，尋找屬於他的路。

在那一刻，他恍然大悟，父親今次的錦囊不是一張紙條，原來，它提醒着阿俊要放下腳步，聆聽自己內心的聲音，活出自己的快樂人生。於是，他來到了尖尖照相館當一名攝影學徒。

香港大學陸佑堂

香港大學陸佑堂興建於一九一二年，建築物由利安設計。建築師採用後文藝復興時期的建築風格。依山而建，大樓呈紅褐色和米黃色。大樓建有兩層拱窗，並由花崗石柱支撐。陸佑堂有四個庭園，各自植有現時高近 9 米的棕櫚樹。大樓的頂層是天台；站在那裡，你可以眺望對面的鐘樓。此大樓有不少在歷史上舉足輕重的人士到訪：「大文豪」蕭伯納[23]、美國總統及歷代港督等。沿着陸佑堂台階旁的麼地爵士（Sir Mody）人像拾級而上，你會發現八十年代的「文學院 Common Room」；那裡是文學院學生談情說愛的地方。而本部大樓的三樓則是從前中文學院的所在地，也是香港著名作詞人林夕先生常待的地方。林夕曾是中 文 學 會 的 幹 事[24]。

在香港大學開校初期（一九一二年），本部大樓設備一應俱全，有教室、辦公室、圖書館、醫療室，甚至是理髮室。那時候的本部大樓亦因學生宿舍「聖約翰堂」宿位供應不足而被徵用作臨時學生宿舍。在日佔時期，大樓也成為臨時醫院。在當時，大樓因戰火變成頹垣敗瓦，而樓頂的木片也被市民掏空，在資源匱乏的時候用作燃料。當時的校長賴廉士 (Lindsay Ride) 描述當時的情景：「大學的建築物只剩頹垣敗瓦，屋頂毀透，一切儀器、傢具、門窗、樓梯、地板都蕩然無存。」大學直至一九四六年才復課[25]。

[23] 大公報，《一九三三年英國文壇泰斗 蕭伯納訪華之旅》（2016 年 4 月 17 日）。
[24] 王懿德，《跟隨何博士了解香港大學的人文風景！》（2017 年 12 月 29 日），每日頭條，https://kknews.cc/zh-hk/education/alz2ne6.html。
[25] 李子輝，《探射燈：港大糟蹋古蹟 本部大樓淪廢墟》（2015 年 12 月 10 日），東方日報，https://orientaldaily.on.cc/cnt/news/20151210/mobile/odn-20151210-1210_00176_150.html。

香港大學陸佑堂現時已被政府列入受保護的建築物之一，而大樓外牆則被列為法定古蹟。

圖十九：本部大樓(Main Building)

筆者也畢業於香港大學文學院，也有幸在本部大樓上過Common Core 及英國文學的講課及導修課 (我們一般稱作tutorial)。教授、講師和助教端着咖啡跟學生探討研讀的材料和文學作品。同學會啪嗒啪嗒地在電腦上打字，也有些會踴躍回答問題或與其他同學聊着天。不過，有些同學也偶爾會「走堂」（也是我們認識的翹課）以撥出時間做兼職或拍拖。當然，這樣的行為筆者並不提倡。但是，筆者深信大學的生活也是難得瘋狂一下；畢竟，當你步入社會，你會發現你的生活佈滿掣肘，你或需要一些讓你難以忘懷的回憶來為自己充電。

九、真命天子扭蛋機

珍妮對愛情有一種莫名的執着。她渴望一個「moment」：一個魔法時刻，一個眼神交匯的瞬間。可是，她的媽媽不認同。她的媽媽從小就教她要帶眼識人。一個男生除了要品行端正外，更重要的是要與她的「三觀」吻合。「三觀」是一個很玄妙的概念。它包含兩人的世界觀、人生觀和價值觀。因此，一旦她有新的交往對象，她的母親便會對他評頭品足，說男生不上進、不成熟、自我中心等等。母親就像余光中先生筆下那位「風霜雨露、果實纍纍」的外父[26]一般，對女兒的追求者煎皮拆骨。很快，不知道是受到母親的影響，還是珍妮自己也發現那個男生的缺點是自己所無法忍受的，珍妮很快就和男生談分手了。

有一天，在嚐過蘭芳園的奶茶，口中還保留金黃焦香的微醺後，她越過結節街，拐個彎來到閣麟街。現在的閣麟街塵土飛揚，咚咚作響的挖掘機在街上挪移着；街道的兩側盡是飲料店和餐廳。如果不是在土耳其旋轉烤肉店前等待外賣，人們一般不會在這條街道駐足而觀。可是，珍妮與他們不一樣。在滾滾紅塵和白鴿羽毛紛飛的簷篷下，珍妮回憶着吉士笠街背後的故事：「紅毛嬌」，一名蜑家婦女的傳奇經歷。「紅毛嬌」是美國船長 James Bridges Endicott 的涉外婚婦[27]。她並不是弱不禁風的女子；她曾為了被海盜「十五仔」盜去的八箱鴉片，隻身

---

[26]引文出自余光中的散文集《記憶像鐵軌一樣長》中。

[27] 涉外婚婦就是異鄉男子在當地包養或保護的華裔女子。

走進「十五仔」的大本營講數，討回鴉片和獲得額外六艘滿載食物的戰船。

每一次經過那個角落，珍妮都會想看看那一幅磚牆，仿佛在她觸手可及之處，她可以沾上一份從古代穿越過來的勇氣。而這一天，這幅磚牆前矗立了兩台嶄新的扭蛋機。在好奇心的驅使下，她趨前看它的說明書。

「真命天子扭蛋機」的使用方法：
（一）使用者走到「男」或「女」的扭蛋機前，往已選擇的扭蛋機投入一個五元硬幣，扭一下把手，扭蛋機的出口處便會蹦出一個扭蛋。打開扭蛋，你會發現一張寫有電話號碼的紙條；或
（二）提供者走到「男」或「女」的扭蛋機前，取出一個空的扭蛋殼和一張空白的紙條，用筆在紙條上寫上一句最能代表自己的句子，再把紙條放進扭蛋殼裡並把扭蛋投進扭蛋機內。

她認為自己只是試玩一下，應該不會遇到詐騙集團，沒有大礙。「啪嗒」一聲，一顆扭蛋蹦了出來，它好像上帝擲下佈滿未知圓點的命運骰子。

扭開扭蛋匣子，珍妮瞄了一下扭蛋內的紙條，它裡面寫道：「勝利是過程並非結果」，她知道這對象是她希望認識的。她取出手機輸入他的手機號碼，然後向他發送訊息。就這樣，他倆開展了對話。沒

有照片的牽絆，大家可以暢所欲言，分享喜怒哀樂和生活點滴，小至媽媽煮的晚餐，大至生活上的煩惱，他們一一談論着。她坦承上一段感情的挫敗，還有父親對她的置之不理。他聆聽着，適當地給予客觀的意見。有時候，他也會分享笑話和可愛的動物圖片。他的聲音溫柔理智，可以撫平珍妮心坎處的波瀾，讓她冷靜下來。

對於這個男孩子，珍妮會幻想着他的種種模樣，也會透過他的談話內容評估他的為人。她希望自己可以一改對異性一見鍾情的習慣，在深入瞭解對方後才投放感情。在那一刻，她對他有了一絲好感。

在滑了幾個月的手機後，他們終於相約在一家咖啡店見面。那個男孩長相俊俏，頂着一頭自然捲的頭髮，兩隻眼睛好像會微笑似的。他羞赧地坐在桌的另一端，吸吮着杯子裡的咖啡，看着口沫橫飛的珍妮，他微笑着。

突然，他看一下手機，定一定神，問道：
「早起的鳥兒有蟲吃，那早起的蟲怎麼樣？」
「吃早餐！」
「錯！是被鳥吃掉！」

在那一刻，她覺得他仿佛是自己認識好久的朋友似的，可以打打鬧鬧着。很自然地，他們走在一起了。

然而，當珍妮告訴媽媽她的新男友阿勇的時候，不出她所料，她的媽媽似乎又在雞蛋裡挑骨頭：他的樣子不夠男子氣概，他不夠誠懇，他不夠世故……讓人困擾的是，她的媽媽會以疲勞轟炸的方式讓珍妮改變心意。不過，這一次，珍妮受夠了。不知道從哪兒來的勇氣，她下定決心要與母親抗衡一次。她鄭重地告訴她的母親從今以後，她的事情不用別人管。接着，她以離家出走的行動證明她破釜沉舟的決心。

然而，在她以短訊告訴阿勇她離家出走的消息後，她收到來自阿勇的短訊：「嗨！珍妮，很高興認識你。我也很感恩你在過去這段時間的陪伴。不過，我要告訴你一個真相：對不起，我是一個有女朋友的人。我只是出於好奇，把電話號碼投進了扭蛋機。謝謝你，還有對不起。」隨即，她看到他的頭像消失了。

珍妮錯愕、傷心、憤怒、不解，她立刻撥打那個她已背得滾瓜爛熟的號碼，電話另一端卻傳來她熟悉的空洞女聲：

「你所撥打的電話暫時停止服務，請你晚點再打過來吧。」

閣麟街

中環閣麟街今日熙來攘往；而在上個世紀，這街道華洋雜處；它是不同民族聚居、貿易及尋歡的地方，曾經被稱作「中市場」（「Middle Bazaar」）[28]。

街道一角立着一組建於十九世紀末的民房遺址——一組在一八七八年中環大火後改建，以中式青磚配以英式的砌磚技術建造的「背靠背」唐樓。十九世紀末，「背靠背」唐樓盛行；它們沒有窗戶，也沒有預留半點後巷空間。這情況於一九零三年鼠疫後得以改善。當時的政府跟隨英國於一八七五年修訂的衛生條例及延伸出來的「byelaw housing」（「附例房屋」）樣式修改了香港的《公共衛生及建築物條例》，而從那時開始興建的民居都會預留至少 1.8 米闊的後巷作衛生用途。

這組「背靠背」房屋歷史悠久，它歷經屢屆的業主，包括連卡佛的創辦人 Thomas Ash Lane 和 Ninian Crawford[29]。

它亦道出當時香港獨有的群體—「受保護婦女」（亦被稱為「涉外婦人」，英文為「protected women」）以及他們的混血兒後代。這些「受保護婦女」是在十九世紀中後期與歐洲或美洲男士生活的華人女子。她們大部分是水上居民，有些更是來自廣州或香港的青樓。由於這些男士最終會回到自己的故鄉並迎娶他們當地的女子為

---

[28] 羅雅寧，《歷史補遺：看得見的中環歷史——再談閣麟街》（2016 年 4 月 25 日），https://www.pentoy.hk/歷史補遺：看得見的中環歷史-再談閣麟街/。

[29] 陳銘智，《【閣麟街遺蹟】百年唐樓證開埠華人生活　保育團體對評級不感樂觀》（2017 年 3 月 8 日），香港 01，https://www.hk01.com/社區專題/76609/閣麟街遺蹟-百年唐樓證開埠華人生活-保育團體對評級不感樂觀。

妻，這些「受保護婦女」將無法繼續與這些男士一同生活。她們更因自己獨特的遭遇被華人的主流社會歧視。於是，她們大多在這一帶——一個被當時的政府視作品流複雜的「中間地帶」生活，好讓她們及她們的子女不會遭受太多歧視。這組唐樓到了上世紀六十到七十年代才因成為危樓而陸續拆卸，但卻留下了一幅由青磚及花崗岩建成的磚牆。

原本，大家都以為這一幅牆將能橫跨數個世紀，見證香港的變遷，它卻因處於市建局中環項目的範圍而面臨清拆。

中西區關注組發言人羅雅寧於二零一六年與古物古蹟辦事處及古物諮詢委員會交涉不果，前者認為閣麟街的磚牆歷史價值不高，後者也不予它評級。現在，閣麟街遺跡處施行工程，最終或許只會由市建局於原址保留 20米長的磚牆構件。市建局總監韋志成先生也在網誌中表示，他在磚牆前沉默而立，聽到牆身哭訴「我的身軀殘缺不堪、面貌亦被破壞，若以這種形態留存下來，就算展現在人前，也就像讓大家『瞻仰遺容』一樣」。

對他而言，他最大的希望還是重現「背靠背」樓房的原貌，並展示當年這一帶民生的狀況[30]。

[30] 陳銘智，<【閣麟街遺蹟】古諮會拒評級　市建局讓步　有望原址保育？>(2017 年 3 月 14 日)，香港 01，https://www.hk01.com/社區專題/77817/閣麟街遺蹟-古諮會拒評級-市建局讓步-有望原址保育。

十、遺忘與被遺忘

圖二十：香檳大廈

「在尖沙咀核心地段屹立逾半世紀的香檳大廈被財團申
請強拍，底價為 10.9 億港元[31]。大廈於一九五七年落
成，樓高十層，是當年九龍區最高的建築物。」這是路
邊電器舖陳列的電視機播映的一則新聞。看着螢幕上的
字幕，阿強那滿佈皺紋的臉緊貼着櫥窗，在玻璃上留下
三個烙印。或許，除了他的債主外，他現在的樣子已被

---

31 呂諾君，《【強拍香檳大廈】50 年星座冰室見證興衰　「隱
藏版美食」成絕響》(2020 年 8 月 15 日)，香港 01，
https://www.hk01.com/社區專題/510108/強拍香檳大廈-50 年星座冰
室見證興衰-隱藏版美食-成絕響。

大部分人遺忘。他呆呆地盯着電視機，反覆消化着這一則資訊。

回到自己的窩，他捲起他的床鋪（嚴格來說，是由幾塊紙皮和垃圾袋湊合着），收拾他的行李（一個紅白藍袋），遷往另外一個據地。他來到香檳大廈。那幢大廈有很多層，裡面縱橫交錯，店舖林立。拐個彎，你或許會看到一對紅喙綠身的牡丹鸚鵡，再拐個彎，下一層樓梯就會看到星座冰室，那裡賣着遠近馳名的蕃茄麵。現在，由於大廈將被拆卸，很多店舖陸續遷出，大廈有大量吉舖。

圖二十一：香檳大廈的樓梯

阿強已經奔波好一會，於是在香檳大廈對出的街道上席地而睡。

在夢中，阿強回到二十年前；那一年，他的臉還是光滑無瑕。他是某一家商店的東主，售賣着高價手錶。他店裡那些上了鏈的手錶「滴答滴答」地響着。他喜歡仔細端詳着勞力士手錶，享受着路人投來艷羨的目光。奢侈品是世界上最奇怪的發明：當你還未曾擁有它時，你會比任何人都渴望得到它，它在你面前閃閃發亮。可是，一旦你買了它，它將黯淡無光。阿強最喜歡看着人類掙扎、貪婪的樣子。這是人類最真實的性情。不過，他更懷念當年自己意氣風發的模樣。畫面一轉，他看到自己因投資失敗而破產後的頹廢模樣。這是他這一年來每一晚的夢；不過，醒來後，他發現那並不只是一場夢，而是他實實在在的生活。有時候，他就像莊子一樣糾結着：自己究竟是老闆還是流浪漢。

失去了自己的家和大部分財產，他帶着簡便的行裝，來到酷熱難耐的行人隧道。那是一個酷熱的夏天，夏蟲嗡嗡地叫着，讓他無法入睡；而隧道裡傳來的陣陣尿騷味更讓他惡夢連連。有時候，當天氣異常酷熱，他會把被褥搬到隧道口，享受着從附近 24 小時便利店滲出來的絲絲涼意。

不過，最讓阿強在意的是別人的目光。想着認識自己的親朋戚友在他背後竊竊私語，他渾身不自在，他也嚐到從天堂掉進地獄的窘態。他記得自己在被宣判破產的頭幾週感到不適應，常常帶着裝佯在街上閒逛，幻想着自己仍然腰纏萬貫。不過，最讓他困擾的是搜尋器顯示有關他商店結業的報導。他希望有一個記憶消除鍵能夠抹

走所有人的記憶。一個晚上，有一個人在他的夢中出現。那個人贈他一個選擇被遺忘的權利。阿強沒有多加思索便答應了。

第二天，一覺醒來，他發現自己渾身不對勁，好像失去了甚麼似的。他不以為然，心想：應該是沒有睡好而已。他罕有地用手機連上附近大型商場的 wifi。打開久違的 instagram，他卻發現自己的帳戶消失了。他按下「忘記密碼」一項卻不成功。他打開whatsapp，卻發現他所有的聯絡人都不見了。他嚇了一大跳，連忙打電話給家裡，打算搞清楚狀況。怎料，電話的另一端卻傳出一把他陌生的聲音。聲音的主人感到難以置信，恍惚那是阿強的惡作劇一般。「你說誰？這個人不住這裡，他也不是我的爸爸。如果你再騷擾我，我會考慮報警的。」發生甚麼事情了？對了，他可以在 Google 搜尋自己，畢竟自己曾經有一點「名氣」。殊不知，搜尋結果顯示 0 個結果。在這一刻，他猛然想起昨晚那個奇怪的夢。*難道他被遺忘了？*一想到自己不用再躲躲藏藏過日子，人生也可以從頭再來，他興奮得手舞足蹈。

他首先到警署報失身分證。可是，入境處找了半天也找不到有關他的資料。他似乎從未在這個世界存在過一般。他知道自己的名字，可是，沒有人知道他是誰。關於他，大家眾說紛紜：有的人相信他是非法移民來的；有的相信他是精神錯亂的；也有的認為他是從另一個平行宇宙來的；有的則認為他是一個騙子。在那一刻，阿強也開始懷疑自己的身分。他是誰呢？或許他從前的人生是虛構出來，是南柯一夢罷了。他開始想念從前那種提心弔膽的生活。至少，榮辱與共，他還有個家，也有過去和未來。

於是，他決定到所有奇怪事情發生的起點——香檳大廈一探究竟。他幾經波折才從警局逃出來。不過，他只有三十分鐘時間，因為他可能隨時會被關進精神病院裡去。他一路來到大廈前。大廈的陳設跟他回憶中的一樣：鸚鵡、手錶、攝影器材也在原位。那裡卻多了一堆霓虹燈，上面印着一些不堪入目的廣告字眼，讓整個地方的氣氛瞬間曖昧起來。他懷疑自己到了一個沒有他的平行宇宙中。他參考電影橋段，閉上眼睛，以為人生會回到原點。他滿懷希望地睜開眼睛。可惜，事與願違，他一張開雙眼，迎接他的竟然是幾名警察和救護員。

經過一番調查和手指模的驗證，他原來是名叫鍾漢輝的五十歲男人。他在一個月前經歷了一場意外，喪失了妻女。他終日鬱鬱寡歡，辭去了工作，愛上了酗酒，整天流連在香檳大廈。他是一名流浪者，整天神經兮兮的，附近一帶的居民對他印象深刻。阿強當下懵了，自言自語：「這是甚麼一回事，我竟然是一名叫鍾漢輝的人。」在那一刻，他如夢初醒，明白到，縱使他的人生佈滿荊棘和不堪，然而，被遺忘並沒讓他過得更好。至少，他還有家人，也在世上留下痕跡。

現在，他只能在另一個宇宙過着另一個不知來歷的人的空洞歲月。他可能要在精神病院裡待上一陣子。

香檳大廈

這幢大廈橘色黃色相間，於一九六零年左右落成，由著名建築師甘洺設計，為甲級商住物業，也是當時九龍區最高的建築物。此處亦是廣受歡迎的無線電視劇《金宵大廈》取景的地方。當時的樂宮戲院就在這棟大廈附近，因而吸引大批明星遷往該大廈定居。那裡更開設夜總會。香檳大廈每一個晚上夜夜笙歌，充斥着紙醉金迷的畫面，好不熱鬧。後來，尖沙嘴有其他高樓大廈落成，香檳大廈的光芒漸漸被更新和更宏偉的建築物蓋過。在九十年代，這大廈以「一樓一鳳」聞名，地下為名錶和照相機的店舖。

這棟大廈的另一個特色就是它是最早以分層出售的大廈。在一九五四年，當時的業主何東先生把香檳大廈賣給霍英東先生。該棟大廈有十層高，地下為商場，二樓是香檳大酒樓和夜總會，而三樓以上則是住宅。

重訪香檳大廈，筆者來到大廈前，拾級而上，發現梯間保留人手木雕扶手。穿過又深又長的陰暗走廊。在這個時候，鑒於大廈將要清拆，許多店舖已經遷出，並貼上結業告示。那裡只剩下出入口處寥寥可數的攝影器材店舖和手錶店舖；很多無法負擔最新款勞力士手錶的手錶愛好者也會從櫥窗玻璃看看有沒有過時的手錶款式或二手貨。這些店舖自有自己的熱鬧。在金宵大廈地下，筆者探訪了新記餐廳，一家專門吃「芝士撈丁」的茶餐廳。這裡的撈丁味道濃郁；再往下走，來到地庫，筆者來到星座冰室，一嚐著名的以原個番茄熬湯的番茄牛肉麵，味道酸酸甜甜。可是，除了那家茶餐廳，地庫十室九空，走廊的燈光幽暗，店舖的招牌發黃，牆壁斑駁，帶來一室蕭條。

十一、解憂理髮店

有些人到理髮廳就是為了換個髮型;而有些人則是要換個心情。這裡有位理髮師名叫「陳師傅」。他頂着一頭灰髮。他雖然只懂得梳從前流行的髮型:花旗裝、披頭四和貓王裝,但仍然深受客人歡迎。無他,因為他不僅會聆聽,還能讓人忘記憂愁。

圖二十二:華麗理髮公司

常言道:「剪不斷理還亂」;從髮碎散下的一刻直至全新髮型出爐,客人漸漸豁然開朗。就這樣,這個傳聞一傳十,十傳百,大家都以為這名理髮師有神奇力量,可以為客人卸下煩惱。換一個髮型的確能

讓人耳目一新，忘卻一些煩惱，立下決心去作出改變。

客人們一般會緬懷過去、抱怨現在的生活（如關節疼痛、人生鬱鬱不得志或夫妻失和）。有一天，理髮店迎來了一名特別的顧客。就在陳師傅準備打烊之際，一名頭頂只有數根頭髮的老伯伯正一拐一拐地走進店舖裡。陳師傅感到詫異，看着這名老伯伯的頭，心裏想着這名老伯找他理髮的原因。

圖二十三：華麗理髮店的內部陳設

陳師傅招呼着老伯坐下。為了不顯得突兀，陳師傅問老伯他想要甚麼髮型。老伯嘆了一口氣，道：「我想要一個最英俊的髮型，讓我可以頂着它入棺材。」陳師傅一聽不得了，一個不好的預感竄上心頭。他知道自己要輔導這名可憐的老頭子了。「好

的。讓我幫你挑一個髮型吧。這個陸軍裝的髮型應
該符合你的場合吧！」就在他塗上髮蠟之際，他
問：「你打算何時出席這個場合呢？」「下星期
吧。」「為甚麼要這麼趕呢？」老伯伯一聽，老淚
縱橫，隨即娓娓道來一個故事：「我的子女經濟環
境拮据。我不想成為他們的負累。」「發生了甚麼
事？」「我身患癌症，可是醫藥費開支龐大，他們
無法負荷。所以，我打算自行走到一個荒島，靜靜
地等待死亡。」陳師傅一聽便感到不妥。他強作鎮
定，心裏想着是否應該試着報警，還是致電社工比
較妥當。他嘗試再了解一下老伯的情況，不過，他
要避免觸及他的痛處。於是，他接着問：「回想一
下你上一次感到愉快是甚麼時候？」老伯伯雙眼閃
爍了一下，像是在看着眼前一幅美好的畫。那時他
還身體健康，擁着兒子女兒數着星星。

孩子一根根指頭好奇地指着漆黑的夜空，尋覓着另
一個充滿未知的空間。在星星的國度裡，追夢者沒
有生老病死、貧窮富有，只有對未來的幻想和對造
物主的讚嘆。不過，或許是他年輕時太拚命，沒有
好好照顧身體。在希望締造無憂無慮人生的同時，
他卻忽略了自己，導致現在百病纏身，得不償失。
於是，既然無法求生，他唯有求死。雖然他生前沒
有甚麼作為，但是他也希望死後能風光大葬。然
而，對於陳師傅來說，他的使命不僅是讓人改頭換
面，更重要的是，他希望替人排解鬱悶，為他們打
開心中的結。

陳師傅作出了一個決定。他對着老伯伯說：「伯
伯，如果你不介意，你可想在我這兒幫忙看舖子

嗎？這樣一來，你既可以找回人生意義，又可以賺點薪水籌醫藥費，自食其力。這樣，你就可以早一點痊癒，與家人過美好的生活。」

老伯伯聽後，眼角的魚尾紋湊成一塊，露出睽違已久的笑容，連連點頭。陳師傅除了替人理煩惱絲，也帶給人希望。

上海華麗理髮公司

傳統的理髮店在香港碩果僅存。當有着 40 年歷史的上海僑冠理髮店在抵不住昂貴的租金而結束營業時，上海理髮店已經剩下寥寥無幾。上海華麗理髮公司位於彩虹邨，與彩虹邨一起成長。理髮店的「鎮店之寶」就是理髮師傅從日本進口的舊式理髮椅，它們散發上世紀的復古韻味。這間理髮店與時下的流行速剪一式一樣的裝潢截然不同。它的門外張貼一張紙，上面載有服務價錢表。理髮店分成兩個部分，一邊提供上海理髮，另一邊提供西式沙龍服務。每一名客人座位的前方架着一面鏡子和一個工具盤。工具盤內，各式其式的剪刀和梳子一應俱全。這個店舖由林波師傅一手一腳打理。他 15 歲已經入行，到現在已經有逾 60 多年的經驗，而他白手興家，靠着自己的手藝養活一家[32]。

圖二十四：客人理髮的座位

[32] 黃文軒、黃偉民，<【上海理髮店】同行老店相繼結業　60 年師傅嘆：十年後這行會消失>（2020 年 3 月 31 日），香港 01，https://www.hk01.com/18 區新聞/455067/上海理髮店-同行老店相繼結業-60 年師傅嘆-十年後這行會消失。

上海華麗理髮公司的收費便宜，吸引許多街坊來光顧。這裡常見的剪髮流程為劏髮、搽梘水、剪髮尾、焗鬚、剃鬚及恤髮。綜觀店內的師傅，他們的工作服繡上號碼，而顧客有時會以號碼稱呼他們。這些師傅近乎是「生於斯長於斯」，經驗老練。很多顧客緬懷上海理髮店傳統的氛圍，也反映理髮店的服務仔細及周全。然而，由於上海理髮店內的裝潢和師傅會剪的髮型比較傳統，因此，它們容易被現在盛行的速剪取代。

圖二十五：華麗理髮公司男士理髮部的價錢牌

十二、無價瑰寶

圖二十六:和昌大押的 logo

那天,天色昏暗,讓人昏昏欲睡。對阿文來說,那只不過是一個平凡且無聊的一天。現在,市面上有各種渠道讓市民紓解財困,典當業這名「二叔公」只能苟延殘喘。門外倒掛着紅底白字的蝙鼠神秘莫測,迎來各式各樣的來賓:有愁眉不展的父親、有靠典當物品掙外快的外傭等。當舖營業沒多久,一名不速之客讓阿文感到愕然。

圖二十七：和昌大押

那個來賓臉容憔悴、匆匆忙忙。她年約三十歲出頭。她懷中揣着一個布裹。正當阿文疑惑那個布裹，到底葫蘆裡在賣甚麼藥時，那少婦看了布裹一眼，便把它放在櫃檯。阿文一臉好奇，嘀咕着：「這是危險物品嗎？」在好奇心的驅使下，他解開布裹的布，映入眼簾的是一個襁褓中的嬰兒：他有豆豉般的眼睛，玫瑰花瓣般的嘴唇。他絲毫沒有因剛才的顛簸而從美夢中驚醒。這反而倒好，他不知道迎接他的是怎樣的一場夢。「每個寶寶都牽着小天使的手走到媽媽的肚子裡」，他選擇了他的生母，而後者卻因為貪念放棄了他。

看着已消失得無影無蹤的年輕女子，阿文無可奈何。他尚未娶妻，一個人無人無物，又沒有任何不良嗜好，剩下不少錢。他不忍心將這名嬰兒送入孤兒院。轉念一想，他認為這個嬰兒挺趣緻，跟自己

又頗有緣分，便把他收養了。他幫這個孩子取了一個名字：天賜，意即上天賜給他的緣分。

天賜一天一天長大，長得越來越俊俏。不知是否因為身世坎坷，天賜自幼便非常懂事。當他的同學在鬧彆扭，吵吵嚷嚷要買玩具時，他卻幫着養父阿文分擔家務；當其他同學只顧着打遊戲不肯溫習時，天賜會自動自覺溫習，不用阿文操心。有時候，他更會幫阿文看當舖，成為當舖的學徒。看着櫃子裡客人忍痛割愛的物品，如手錶、手機還有飾品等等，天賜會透過想像每一件物品背後的故事來打發時間。典當舖裡有塊「遮醜板」，擋着街上好事者投來多管閒事的目光。推開兩扇木製的門，舖內櫃檯特別高，拜訪者需要仰頭看着「朝奉」，並把要典當的物品高舉奉上。幾名經驗老到的叔叔伯伯常常伸出頭來與客人交涉。他們用天秤、放大鏡稱量典當物的價值。接着，顧客會開一個價，而他們便會還價。天賜便會在一旁一邊偷師，一邊幫忙着。對天賜而言，這樣半工半讀的生活並不艱苦。他對與自己非親非故的阿文心懷感激，希望將來能繼承養父的衣缽，讓當舖可以繼續營運。

那天天朗氣清，最適宜進行戶外活動，天賜卻選擇留在當舖幫忙。他卻迎來了一個他意想不到的來賓。那是一名年約四十歲的婦女。她留着一頭及肩的卷髮，鼻樑上掛着一副 Prada 太陽眼鏡，嘴巴塗上豔紅的唇膏，每邊耳朵分別掛着一個具標誌性的「孖 C」耳環。她渾身散發着富貴的氣息。在她踏入典當舖的一瞬間，天賜腦內立刻腦補這位闊太的身世：她可能炒輸了股票，需要急錢週轉。然而，她

從手袋裡取出一張出世紙，出世紙載着一個名字：唐嘉傲。她指着出世紙，跟掌櫃詢問出世紙姓名的人身在何方。掌櫃一頭霧水，反問她是否要贖回物品，不然就不要在舖內鬧事。雖然看不到她的眼睛，但是，從她的臉部表情看出，這名闊太臉有不悅。她向他娓娓道來一個故事，十六年前，她因為一時任性誕下了一個男嬰，也把男嬰遺棄在典當舖內。掌櫃頓時茅塞頓開，想起阿文提及天賜的身世。他聽罷，為天賜抱不平。原來，天賜就是眼前這名女士的親生兒子，卻遭生母遺棄。現在，看着她，掌櫃的一改平常的禮貌，話中帶刺般回應道：「那你過了十幾年，來這裡幹甚麼？」這名闊太說道：「現在我無人可依靠，希望尋找失散多年的兒子。」其實，天賜一直在掌櫃身後，把兩人的對話一一收進耳內，再存進自己的心臟，衝擊着他脆弱的心靈。由於養父阿文有跟天賜提及他的身世，天賜知道站在自己眼前的不是別人，而是當年丟下自己不管的媽媽。掌櫃瞥了一瞥站在身後方不遠處的天賜，徵詢着他的意見。天賜以哀傷的眼神看着他，輕輕地搖了搖頭。掌櫃跟天賜交換了一個眼神，知道該怎麼做。於是，他告訴闊太：「不好意思，他當日已經被交給社署。我對他現在的狀況一無所知，麻煩你到那裡查問看看。」闊太嘆了一口氣，默不作聲便離開了典當舖。掌櫃按捺不住，便追了出去。

他叫住闊太：「這位太太，不好意思，有一個問題讓我很納悶，如果可以的話，我希望可以從你的口中得到困惑我多年的答案。」闊太有些錯愕，但在好奇心的驅使下，她仍然停住了腳步，擰了擰頭。掌櫃問道：「你在遺棄兒子後是否有感到後悔？」

「一開始，有；後來，我無依無靠，在懷上嘉傲後認識了一名有錢人。他的家庭不會容許我未婚懷孕，而我當時未有能力獨力養大一個小孩。我沒有辦法，只能這樣做。我當初這個決定對大家都好。我現在甚麼都有了，對自己當初的決定不感到後悔。」掌櫃接着問：「那既然你有一個夢寐以求的人生，為何還要攪和你的過去？」「我現在已經離婚。我的前夫雖然留給我一筆可觀的贍養費，我在生活上可說是無憂，但是，我渴望的是找回失去的親情。」掌櫃臉色一沉，默默地點了點頭便返回典當舖。天賜連忙向掌櫃打聽他的媽媽的訊息。掌櫃跟他說：「過去的事情就讓他過去吧。」

對於他得到的答案，他認為還是保持沉默。他不希望天賜受第二度傷害。

和昌大押

圖二十八：和昌大押招牌

和昌大押位於灣仔莊士敦道 60 至 66 號，灣仔修頓球場
的對面，中間隔着一條電車路。它樓高四層，是四幢相
連陽臺的長廊式唐樓，陽臺長廊設在面向莊士敦道的樓
宇部分。這建築物以前透過倒「夜香」處理住戶的排泄
物。唐樓的設計是把地下用作商舖用途，樓上則為住
宅。此樓宇若干部分早於一八八八年興建，由香港的大
押商羅氏家族持有。它的外牆以水磨石作為建築材料。
它亦是香港現存的最古老當舖之一。

經活化後，和昌大押自二零零七年起搖身一變，打造成傳統食品和高級生活用品店，繼而化身為高級西餐廳—The Pawn。有趣的是，「Pawn」這個名稱語帶雙關：它反映了其前身是典當舖（即 Pawn Shop 或 Pawnbroker）。它被鬆上淡黃色油漆，並在天台上種植樹木。而原本的當舖就在大王東街繼續經營。它紅底白字的招牌仍然很醒目地架在和昌大押原址旁邊。然而，和昌大押旁邊的利東街（前稱囍帖街）被拆卸重建，換上一列一列的摩登店舖[33]。

圖二十九：和昌大押現為西餐廳 The Pawn

---

[33] 徐振邦，《我哋當舖好有情》，突破出版社（2015 年 7 月）。

典當舖簡介

當一個人山窮水盡時，透過典當舖典當物品是一時三刻解決當前窘境的權宜之計。在香港，若典當者可以在四個月的期限內付利息，他就可以贖回典當的物品。最傳統的做法是由典當者高舉擬典之物讓「招奉」[34]（廣東人稱之為「二叔公」[35]）判斷物品的真偽和為其估價[36]。這樣的設計，其中的一個目的是防盜；另一個目的是向探訪者製造心裡壓力。同時，典當舖的門口架着一塊大屏風，稱作「遮醜板」，讓進去的人士不會感到彆扭。

典當者會喊價，二叔公會還價。典當者可以選擇取回物品；對着願意典當的人，他們便唱說「爛勞力士錶一隻」。他們會核實典當者的身份及地址，填寫當票，然後將現金連同當票一併交予典當者。接着，他們會上香祈求典當物品能妥善保存[37]。

根據《當押商條例》，從貸款日起計的四個農曆月內，借款人交出當票連同應付的利息，典當商則須將抵押品歸還借款人。若物品到期而沒人贖回的話，二叔公則會把它們放售。

---

[34] 「招奉」意指典當者恭敬地向上舉貨的舉動跟從前官員上朝奉聖的舉動相似。

[35] 他們被稱之為「二叔公」因為「二」有二手貨的意思，而「叔公」則表明此職位多位經驗老到的資深人士擔任，故有此別稱。

[36] 譚瑞玲，《你要賣、當、借嗎？》（2019 年 10 月 24 日），眾新聞，https://www.hkcnews.com/article/24409/我哋當舖好有情-當舖-24409/你要賣、當、借嗎？。

[37] 《香港事·情》有借有還上等人 二叔公的典當故事（2019 年 7 月 12日），思考香港，https://www.thinkhk.com/article/2019-07/12/35087.html。

值得一提的是，所謂「上有政策，下有對策」，市民把典當的安排轉為機會。香港寸金尺土，市民家裡未必有足夠位置存放個人物品。因此，他們想到夏天典當棉被，冬天典當風扇。這樣一來，他們既可以有地方保管物品，又可以得到金錢週轉。廣東話有句俗話說：「上等人有當有贖，中等人有當無贖，下等人無當無贖。」這正正反映了當時社會的生活艱難。

十三、齊來種棵愛情樹

在般咸道聖士提反女子中學對面，巴士站附近的護土牆矗立着幾棵大樹。它們破水泥而出，在傾斜的護土牆上以反地心引力的形式鼎立着，延伸着它們堅毅不屈的樹根，誓要爬滿整片護土牆。趨前一看，茁壯的樹根與幼細的樹根糾纏着，猶如年邁老人交叉着乾瘦的手指。晚上行經此處，這棵石牆樹周圍瀰漫着倔強的恐怖氣氛，你的腦海或許會浮現蟻嘍痀僂前行的畫面；或者，你會好奇那些看起來微不足道的生命如何在樹根縫隙遊走；又或者你會悼念它的祖先，一棵名叫「Paul」（音「棵」）的大樹。有些候車的人喜歡在大樹下乘涼，等候 40 或 40M 路巴士；有些途人在綠葉的縫隙下眯起眼睛看著太陽。

圖三十：石牆樹的樹根

記得在二零一五年那年，般咸道發生塌樹意外後，路政署當日晚上斬掉石牆上餘下的數棵樹，石牆樹只餘下樹根，它的切口塗上了樹漆。就這樣，這些樹木光禿禿的，讓人起了雞皮疙瘩。很多住在附近的居民和在那裡上下課的學生紛紛前來悼念。阿成，一名在香港大學唸書的大學生腦中更湧現了總總回憶。砍了那棵樹，不僅讓綠色的生命消彌不見，更讓見證他和女朋友埋下種子的證人煙消雲散。

就在某年的情人節，阿成咬着蘋果，和女朋友經過般咸道，看着那棵石牆樹，他想起有關樹的諺語：「無心插柳柳成蔭」。他心血來潮，把手中的蘋果核扔到石牆旁邊的泥土中，心中期盼着從石屎可以冒出來一棵屬於他倆的「愛情樹」。阿成的女朋友在旁吃吃笑笑，擰了擰阿成的手臂，嘴上輕罵着「傻佬」，心裏卻甜絲絲的。同時，他們在心裡也埋下了希望的種子。雖然他們口中沒有明言，但是，他們對般咸道多了一份掛念，等着那株樹苗從土裡冒出來。然而，這棵小樹苗卻沒有長大。在他們的內心深處，那棵蘋果樹的小樹苗卻落了根。每行經此處，看着旁邊林立的石牆樹，他們會想起阿成那天孩子氣卻倍感溫馨的小舉動。

圖三十一：石牆樹及車站

在般咸道的石牆樹倒下的一刻，他們撒下蘋果籽的
見證人也隨即消失，仿佛這件事從來沒有發生過。
有人可能會認為，他們可以再度埋下另一顆種子。
可是，此時此地已經物是人非。阿成的女友已經無
法輕易穿過般咸道那條窄窄的人行道，她的雙眼已
經失去當時的光芒，眼前只剩下一片又一片的黑
影。女友的眼睛因細菌感染而佈滿紅根，伴隨着劇
痛，雙眼也有畏光的情況。雖然眼科醫生已經竭盡
所能醫治她的雙眼，可惜，她的雙眼只剩下不到一
半視力。她的花樣年華就如此白白流逝了，她無法

接受巨變，終日以淚洗面，有一段時間都不願出門。她的母親更是每天嗟嘆，傷在女兒身卻痛在母親的心。

阿成不是一個忘恩負義的男人。看着女友這個模樣，他很是心疼，卻又要在女友面前強作鎮定。看着她雙眼爬滿血紅色的蔓藤，一下一下劃過眼球的表面，同時亦劃傷阿成的心。看着這些傷痕，阿成感到怵目驚心，這讓他聯想到那棵在般咸道的石牆樹。當他經過那棵讓他又愛又恨的大樹，他都會多看那處兩眼。有時候，他會在凝視那棵大樹時剛好把路過情侶的倩影捕捉過來，他們無疑在他心中的痛處多補幾腳。

於是，就在政府着手砍樹後，那棵象徵他們愛情卻沒有成形的樹苗似乎也死了。他在光禿禿的大樹切口擱上一封他不滿這棵石牆樹被砍的信。然而，他無法改變石牆樹的命運。

石牆樹

根據樹木登記冊所載，香港共有 264 棵石牆樹，中西區則佔當中的 188 棵。石牆樹是中西區（如上環、堅尼地城）獨有的景色。一棵棵高約 20 米的榕樹依着自香港開埠初期建成的石牆生長。當中屬於古樹名木的有 35 棵。那時候的石牆是以花崗岩覆蓋山坡，而石頭與石頭之間的縫隙則用英泥沙漿封上，形成石牆。

當雀鳥或蝙蝠吃了附近的果實並排出種子後，種子掉進石牆的罅隙，隨着時間流逝，它們會長出樹苗；樹苗破土而出，長成形狀奇特、傾斜的沖天大樹。由於這樣的生存環境惡劣，掉進縫隙的種子必須有頑強的生命力，

長成的樹木才能如此茁壯。而榕樹就是極具生命力的樹。另外一個讓榕樹較容易長在石牆的原因就是它們擁有氣根。在長春社任職保育經理 14 年的許淑君補充，若氣根碰到石牆或地面時就會木質化，從而支撐斜着生長的石牆樹。那棵樹又會持續因為周遭的環境而調節根莖生成的姿態。

二次大戰時，日本人在佔領香港時大量砍伐樹木作建築材料。不過，石牆樹因其貌不揚、地理位置頗高，沒有慘遭毒手，成功逃過一劫。

然而，縱使在二次大戰中大難不死，中西區有數棵石牆樹卻在數十年後遭斬去[38]。就先前所提及的，石牆的生態環境惡劣，不利多數樹木生長；同時，由於石牆沒有足夠泥土讓樹根抓緊，石牆上外露的樹根在秋冬季節會枯死。縱使這些樹根沒有枯死，它們一旦遇到強風便容易折斷，造成塌樹的危機。另一方面，榕樹的生長特性強韌，它們有在石牆生長的優勢。它們的樹根鑽入石牆的縫隙或在石牆攀附直到遇到合適的縫隙。於是，在港島，你會發現有一大片由榕樹組成的牆壁。

它們被斬，只剩下牆邊的樹幹。2015 年 7 年，般咸道有四棵逾 155 年歷史的石牆樹消失了。在當年，「砍樹事件」鬧得沸沸揚揚，插畫師袁明珊（Connie）開設了 Facebook Page – *Dear Tree 親愛的樹*[39] 供網民報告有關樹木的問題。Facebook 專頁醒目地載有數行字：
親愛的老榕樹，謝謝你每天在巴士站上撐着一把大傘 PP3 的紫檀木，你可以穿着紫色花衣參加我的派對麼？

---

[38] 呂諾君，《般咸道石牆樹列入古樹名冊　患樹癌再現斬樹危》（2020年 12 月 19 日），香港 01，https://www.hk01.com/18 區新聞/563954/般咸道石牆樹列入古樹名冊-患樹癌再現斬樹危機。

[39] Dear tree 親愛的樹 Facebook page，
https://www.facebook.com/deartreehk/。

Dearest Mr. Banyan Tree, your beard is growing so quickly, are u trying to steal a bite of my ice cream.

二零一八年五月，兩棵位於般咸道香港大學鄧志昂樓，有逾八十年歷史的石牆樹也遭斬去。現在，又有位於般咸道的石牆樹被傳出因罹患「樹癌」而有倒塌風險。樹木，作為歷史的證人和環境的使者，是不是值得我們保護呢？

十四、煤氣燈的前世今生

圖三十二：煤氣燈

夾着黑色線條和黑色葫蘆的煤氣燈靜悄悄地矗立在都爹利街那灰白而整齊的石階梯上，擱在低垂的夜幕中。與它低調的身影形成強烈對比的是它頭頂那個白色的圓盤，內圓映着鵝黃色的淡光，就像夜空中一隻落單的螢火蟲，與旁邊黑白灰的大廈外牆毫無違和感。這座煤氣燈歷經颱風「山竹」的吹襲、坍塌石牆樹的壓垮及一系列的復修工序，洗盡鉛華；它煥然一新，褪去了滄桑的面孔。

然而，這卻沒有影響敏儀的習慣。敏儀在律政司上班。每天早上，她習慣到位於都爹利街的那家復古咖啡店買一杯咖啡。她並不是特別喜歡那裡的咖

啡。咖啡太膩、太商品化、缺乏穿透靈魂的能力。她也不是特別嗜那種「偽中產」的生活。聽着不太流利的英語—Grande Caramel Macchiato，她漸漸迷上了此起彼落、不協調的音調，還有那台咖啡機間歇性冒出的蒸氣。不過，說到底，她是被一股無形的力量牽引來到這個地方。她常常在夢裡到訪這個地方：附近街道兩旁矗立着一排又一排的矮樓；街上是迅步挪移的黃包車；行人穿着樸素懷舊的衣服在行走着，步伐從容不迫。很多人說他們經常忘記自己發過的夢，生活中的如是，人生中的也是，夢總是在身不由己的狀況下被磨光或遺忘。在那個夢裡，她有數次夢見一個男人的背影。憑着他身上同一件的襯衫和喇叭褲，敏儀相信他是同一個人。看着他的背影，她卻有一股難以言喻的複雜情緒—受壓抑的憐愛和愧疚。他究竟是誰？有人說過，夢境與我們當天白晝的生活息息相關，繼而重新詮釋我們所接收的信息，我們能從中得到啟示。或許，那個男人是她某天不經意擦身而過的男人。每次，當她希望憶起那個男人的容貌時，她總是無法做到。

一天，當敏儀愜意地小口喝着焦糖拿鐵時，不知怎的，她下意識朝門口的方向瞧瞧。一個既陌生又熟悉的男人闖進了店裡，也闖進她的視線範圍內。那個男生理了個平頭裝，穿着 Polo shirt，slim-fit 的卡其色西褲，揹着背囊，正在餐牌前猶豫不決。在他之前已有數個顧客拿着紙杯離開那個咖啡店。他的背影跟她夢裏的那個經常出現的背影一模一樣。就在敏儀盯着他看時，他別過頭來。就在那一刻，敏儀停住了：那不就是那天她在往大埔墟的火車擦身而過的那個男人嗎？那個男人看着她，露出了一個複雜的表情—期待、欣慰、快樂。這種情緒感染了敏

儀。在她的生命裡，除了她的父母，沒有人看見她
會那麼欣喜。那個男人逕自往她的方向走去。

圖三十三：煤氣燈及石階

來到她的跟前，他開腔：「我等了你好久，有足足
一個世紀。」敏儀一聽，她嚇得不輕。她支支吾吾
道：「先生，我們雖然好像碰過一次面，但你也不
至於吧。」「你真的忘記我了？我是你的男朋友國
華。」「吓！我甚麼時候有過男朋友？」「我們相
約在這個煤氣燈見的。可是，你卻沒有出現。」敏
儀聽得一頭霧水。「先生，不好意思，可能我長得
一副大眾臉。可是，你是否認錯人了？」「你不是
淑芬嗎？」「不是，我是敏儀。」「不對，我們約

| 88 |

好私奔的。」她以為自己聽錯了—那不是粵語殘片老掉牙的戲碼嗎？

就在敏儀呷完焦糖拿鐵的時候（通常那杯咖啡越喝越濃），她好像墮入了一個她完全陌生的平行宇宙。原來，國華與淑芬當時身分地位懸殊：一個是米舖的千金小姐，另一個卻是拉黃包車的車伕。那小子善解人意又懂得聆聽，撫慰了寂寞千金的心。很顯然，女孩的父母極力阻擾兩人交往，還為她跟當舖的「太子爺」訂了婚約。她無力反抗，只能與拉黃包車的國華相約私奔。然而，他依照約定到達煤氣燈的梯階旁，卻遲遲沒有見到她。那個時候，他嘗試了多種方法，但是仍然聯繫不上她。她好像憑空消失了。於是，他風雨不改地等候着，直到他躺下為止；而她現在則莫名其妙地經常於一家她不愛的咖啡店流連。她也不清楚那是他杜撰用來與她搭訕的故事，還是攸關他倆前世的故事。

不過，她相信前世今生，也相信孟婆湯的傳說。那一碗如酒一般的湯，喜悲痛恨愁愛。傳說亡者須在奈何橋上喝下以淚水熬成的湯，徹徹底底與前世做一個了斷，而他的一生將會被刻在忘川河的三生石上。若有亡者不從，他就會被丟到忘川河裏面去，受盡折磨才能轉化為人。歷經千辛萬苦，他終於等到她。而她，則要用她的餘生彌補一個靜靜守候她一個世紀、拒絕喝下孟婆湯的癡情男子。

煤氣燈與花崗岩石階

二零一八年九月，超強颱風「山竹」襲港，中環都爹利街的花崗岩石階和煤氣燈遭倒塌的石牆樹壓毀。這一次塌樹導致三盞燈的燈柱折斷，而剩下一盞燈的燈罩也嚴重受損。可幸的是，經過古蹟辦、路政署及煤氣公司一年多的努力，石階和煤氣燈終於於二零一九年十二月修復完成[40]。

在整個修復過程中，古物古蹟辦事處堅持採用原材料和原工藝把煤氣燈和石階還原。當中，石階殘件逾 200 多件。古蹟辦憑着它之前為古蹟進行的三維掃描將石階損毀狀況作紀錄，按比例縮小打印、為其打上編號及拼成迷你版的模型。此舉讓往後的修復程序更精準。另外，修復人員按照原材料及國際文物修復標準，拼復了被大樹壓毀的其中 29 個水泥花瓶；其餘的 13 個因受損嚴重而無法復修。這一批新的花瓶印上「2019」作識別用途。

花崗石階大概於一八八三年順利建成。石階的望柱及扶手以飾線點綴，配有托斯卡納式欄杆柱。石階兩旁是由花崗石堆砌的護土牆，護土牆支撐石階及扶手。石階上下兩端矗立着四盞輕巧、由英國威廉‧塞有限公司供應的煤氣燈。煤氣燈採用「雙燈泡羅車士打款式」（一九二二年的款式）。它們原本以人手點亮，現已改為自動操作。自一九六七年起，隨着香港路燈電器化，它們已成為香港僅存的四盞煤氣路燈，繼續提供街道照明服務。

四盞煤氣燈及石階於一九七九年列為古蹟。 煤氣燈和石階構成一幅古典優雅的圖畫。這樣浪漫的氣氛吸引了

---

[40] 《「山竹」毀百年都爹利街煤氣燈 修復工作艱鉅》 (2020 年 3 月 18 日)，頭條日報，https://hd.stheadline.com/news/realtime/hk/1717920/即時-港聞-山竹-毀百年都爹利街煤氣燈-修復工作艱鉅。

許多市民來探訪，而電影和電視節目的製作團隊也曾前來取景拍攝，就好像梅艷芳的歌曲《夢伴》、周星馳的《喜劇之王》以及「哥哥」張國榮《有誰共鳴》的幾個經典畫面。

圖三十四：煤氣燈及石階